基于乐高教育整体解决方案的 STEM教学设计

编辑委员会

主　编：贾汇亮　　陈思敏

编　委：杨雪娇　　吴智强　　韦珍娜　　应　娜

　　　　李巧云　　张静华　　陈绍珂　　何俊坚

吉林大学出版社

图书在版编目（CIP）数据

基于乐高教育整体解决方案的 STEM 教学设计 / 贾汇亮，陈思敏主编. -- 长春：吉林大学出版社，2018.8
ISBN 978-7-5692-3775-7

Ⅰ.①基… Ⅱ.①贾… ②陈… Ⅲ.①科学知识—教学设计—中小学 Ⅳ.① G633.72

中国版本图书馆 CIP 数据核字（2018）第 262362 号

书　　名	基于乐高教育整体解决方案的 STEM 教学设计
	JIYU LEGAO JIAOYU ZHENTI JIEJUE FANGANDE STEM JIAOXUE SHEJI
作　　者	贾汇亮，陈思敏主编
策划编辑	崔小波
责任编辑	徐佳
责任校对	崔小波
装帧设计	雅思雅特
出版发行	吉林大学出版社
社　　址	长春市人民大街 4059 号
邮政编码	130021
发行电话	0431-89580028/29/21
网　　址	http://www.jlup.com.cn
电子邮箱	jdcbs@jlu.edu.cn
印　　刷	定州启航印刷有限公司
开　　本	787mm × 1092mm　　1/16
印　　张	15.5
字　　数	222 千字
版　　次	2018 年 12 月　第 1 版
印　　次	2018 年 12 月　第 1 次
书　　号	ISBN 978-7-5692-3775-7
定　　价	52.00 元

对很多人来说"乐高"是一个富有魅力的词汇，因为"乐高"代表着"快乐""创造"等富有吸引力的学习过程。可以说，"乐高"给很多人带来的是难忘的成长历程。乐高教育进入国内已三十余年，而教育部—乐高"创新人才培养计划"的实施也已有近 8 年的时间。广东第二师范学院从 2010 年加入教育部—乐高"创新人才培养计划"，开启了带给教师全新体验，带给学生快乐实践的非凡历程。伴随着时间的推移，"乐高教育"已经不再是一个偶然兴起的新潮教育热词，它已经建构出自己独特而完善的理念内核，也已孕育出丰富而生动的本土化 STEM 教学实践案例。编辑出版这本著作，主要有三个出发点：

出发点一：乐高教育教师培训——基础教育阶段乐高教育的先行条件

我们相信基础教育首先要培养每一个人的创造性，然后才能在此基础上培养能够攀登世界科学高峰的拔尖创新人才。乐高教育因而不再囿于少部分学生的创造性培养，更加重视萌发并培育每一个孩子的创意之花。而在这个过程中，我们发现教师观念的转变与能力的提升至关重要，甚至可以称之为先行条件。也就是说，简单的接受性教学，已经不适于培养学生的创造力、想象力、问题解决能力、应变能力、表达能力、社交能力等等这一系列应对 21 世纪挑战的核心素质。我们认为，只有让教师先从培训课程中体验到乐高教育的"玩中学"的快乐与实践的独特魅力，他们才能在自身的课堂中传导这种建构主义学习方式的意义和价值。

乐高教育教师培训的初衷在于让信息技术与课堂教学实现更好的融合，让参与培训的老师掌握其教育理念，运用乐高教育课堂解决方案改进教育教学方式，以此提升信息技术应用能力，引导学生开展自主、合作、探究学习。显然，这并不是简单的 TTT 培训（Training Trainers to Train），而是更高定位的 PTT 培训（Professional Trainer Training）。换而言之，乐高教育培训并不是仅仅为教师提供简单的操作指南和行为训练，而是涉及乐高教育理念、教育目标、教育手段以及真实的本土化教学课例研讨的深度培训。匹配乐高教育教师深度培训，也成为我们编著此书的出发点之一。

出发点二：乐高教育理念融合模型——5Fs 教学设计原则和 4Cs 学习模式

对于初接触乐高的家长、教师、学生或者其他感兴趣的人，可能都会误以为乐高教育的目标仅仅是搭建一组乐高作品，比如一个酷炫的机器人，一座华丽的城堡，或者一个有趣的动物模型等等（乐高也并不缺乏这种类型的搭建指南）。但显然，乐高教育所倡导的乐高课堂远远不止于此，快乐、高效的知识建构被放在更为重要的位置。乐高教育与 STEM 教育、创客教育都成长于"做中学""玩中学"学习理念与建构主义学习理论的沃土。同时，乐高教育还吸收多元智能理论、探究学习、游戏学习等等实践教学方法的精华，在此基础上融合形成独特的 5Fs 教学设计原则和 4Cs 学习模式，并以此作为开展乐高教育的理论基础。一门课程或者一个知识点的教学设计不是只有单一标准答案的选择题，而是满富创意的开放式设计，这才是提高学生创新能力的可寻途径。乐高教育理念的实施也并不一定必须依托于乐高教具，其倡导的 5Fs 教学设计原则和 4Cs 学习模式有更广阔的运用可能。

出发点三：STEM 教学解决方案——凸显实用性及本土化

乐高教育所面临的另一个迫切问题便在于适用国内中小学生的本土化教学案例远没有其他国家丰富。市面上也多见乐高玩具搭建指南方面的书籍而非完整的教学课例。得益于我院在乐高培训中的实践与经验，我们的团队积累出不少的 STEM 教学案例。这些教学案例精选基础教育阶段的 STEM 知识点，并严格遵循"乐趣、畅流、引导、知识、4Cs"的 5Fs 教学设计原则，采用"联系—建构—反思—拓展"的 4Cs 学习模式，经过反复的迭代修改与完善优化，最终呈现在本书当中。这些精选的 STEM 教学案例易学易用，并且包含步骤清晰的搭建指南，将为教师们提供非常直观的参考。

成书仓促，有未完备之处，敬请批评与指正。

贾汇亮

2018 年 5 月 26 日于广州

Contents 目录

第一章

乐高教育理念

一、什么是乐高教育？

乐高教育鼓励孩子们积极思考、动手参与，使孩子们发挥出天生的创造力和想象力，培养团队精神、问题解决能力、应变能力、表达能力、社交能力等，帮助他们应对 21 世纪的挑战。

（一）乐高教育的发展

追本溯源，乐高（LEGO）最初只是一种巧妙、灵活、精致的积木型玩具，虽然有着其他同类玩具无法比拟的优势，但并未直接与教育相关联。人们意识到乐高游戏对儿童发展，如手部动作、思维发展等有独特的影响，但这些影响弥散、浅层次并且低指向性。随着乐高教育（LEGO Education）的诞生，乐高才开始变得与"众"不同。乐高教育赋予这些玩具更有价值的意义：Not only play, but also a kind of learning（不仅仅是游戏，更是一种学习）。乐高教育的初衷便在寓"乐"于教，力图让学生快乐、高效地学习。

随着市场的发展，乐高集团开发出机器人系列、科技系列、情景故事套装等等适合不同年龄阶段儿童的玩具。而乐高教育也在这些系列玩具的基础上研发出对应的适合不同学习阶段学生学习的工具——乐高教具，也称为乐高学具。STEM 教育和创客教育的全球化浪潮，为乐高教育的发展带来新的契机。乐高教育从最初的机器人教育发展到适合不同年龄阶段、不同学科的个性化 STEM 教育解决方案。这也代表乐高教育从非正式的精英教育体系进入普及化的学校正式教学体系之中，形成乐高教育实践上从点到面的跨越性发展。

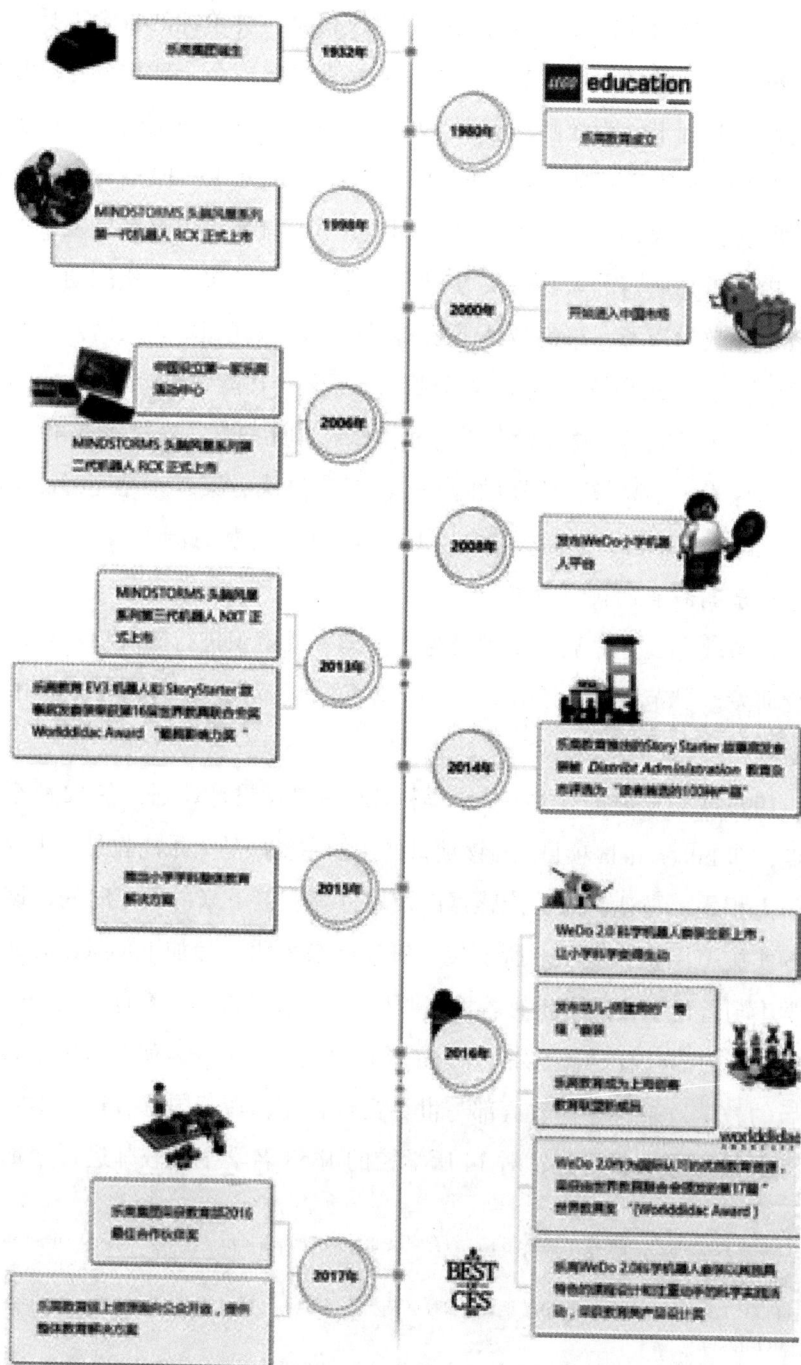

图 1.1　乐高教育大事记

乐高教育给我国教育界带来的并不仅仅是一种单纯的教学工具，更是一种全新的教学手段和教学方法。乐高教育在综合全球教育专家和教学实践的基础上，为教师培养学生的创造力以及解决问题的能力提供一整套的 STEM 教育解决方案。正如乐高教育 2017 年 K—12 教育解决方案扉页所言："我们了解教师的需求，因此，我们能摈弃不必要的复杂性，直接提供教师所需的教育解决方案，通过提供多层次一体化的动手体验和数字化教学资源，帮助教师高效利用每一块乐高积木，从而发挥其教学效果"[①]。在乐高教育之前，没有哪一家玩具公司能做到如此深入，也没有哪一种玩具能与"做中学"教育教学原理如此契合。经过将近 40 年的钻研与探索，乐高教育所提供的 K—12 教育解决方案越来越完善，实践案例也越来越丰富。乐高教育已经形成自己的生态教育圈。

1. 乐高教育的国外发展

乐高教育成立之后，便积极与多个国家或组织进行教育项目合作与课程研发。其范围覆盖美国、英国、秘鲁、俄罗斯、日本等 103 个国家和地区[②]。

1996 年，秘鲁推行了一个小学科技课程教学设计计划，在 12 所小学试点，即 Infoescuela 项目[③]。该项目使用的主要产品为乐高教具，主要包括乐高积木、马达、灯、传感器以及软件等。接下来的两年时间，该项目的实施范围扩大到 130 所学校。研究结果表明，参加 Infoescuela 项目的学生与普通学校的学生有着极为明显的区别，"自尊、教育技能和解决问题的能力都有着显著提高"。为了验证这些区别，深入研究采用乐高教具后的教学效果，秘鲁教育部与世界银行合作，在美国麻省理工学院的支持下展开进一步研究，对 14 所学校的 1653 名学生和教师进行定量测

① LEGO® Education 乐高® 教育 2017 年 K12 教育解决方案［DB/OL］. http://LEGOEducation.cn/downloads, 2017-12-14.
② LEGO® Education 乐高® 教育 2017 年 K12 教育解决方案［DB/OL］. http://LEGOEducation.cn/downloads, 2017-12-14.
③ 秘鲁教育部与美国麻省理工的教育试验项目［DB/OL］.http://wenku.baidu.com/link?url=f-AnKcP1MKoezHBaH4wjiet_avW7yEXRhJjGxi2xuQ3xz9c1PLcx1DiwNqQzjX8OSBsXPJ5A81Ob7svCJ5ws6IFxHAE-WzQmcIrEEmbmn3mq, 2011-11-20.

验。测验的结果验证了上述区别：在数学、技术、西班牙语和法规的测验中，采用了乐高教具的实验组所有三个年级学生成绩都优于未采用乐高教具的控制组。简而言之，乐高教育不仅能提高学生的学习成绩，也能对学生学习的情感、态度、价值观产生积极的影响。这意味着学生不仅能达到更高程度的教学要求，而且更乐于克服学习中遇到的各种困难。

受秘鲁启发，英国教育与技能部也与乐高教育展开合作，对谢菲尔德某校使用乐高教育材料的效果进行研究。研究结果表明，乐高教具的引入是成功的，学生在设计与技术、英语、数学等课程中取得了进步，师生双方积极性都很高，学生表现出很高的投入程度，彼此之间的写作能力也显著增进[1]。

俄罗斯政府在莫斯科和周边地区 1200 所学校和 2000 所其他公共教育机构中配备了乐高教具。巴西、墨西哥以及秘鲁，乐高教育解决方案已经成为课程不可分割的部分，900 所公立和私立学校在自然科学、数学等相关课程中使用了乐高教育的解决方案。

在日本、韩国以及亚洲其他国家，乐高教育的价值正得到越来越多人的认可。乐高教育得到更多的合作机会将其教育解决方案引入学校教育，并建立乐高教育俱乐部和其他课外活动场所，供更多的学生、家长体验乐高教育[2]。随着乐高教育在全球范围的进一步发展，更多的学校和机构引入乐高教具，作为开展 STEM 教育或创客教育的工具之一，并在提升学生能力方面发挥积极作用。

2. 乐高教育的本土化发展

乐高集团于 1990 年将乐高玩具的市场拓展到我国，但乐高教育的本土化发展却始于 2000 年。由于经营主体不同，国内的乐高教育和乐高玩具是乐高集团旗下两家没有从属关系的独立公司。乐高教育在我国的本土化发展主要经历了三个阶段：

---

[1] 刘云波.创新人才培养：乐高教育的理念与应用［J］.上海教育科研, 2016,（02）: 22–25.
[2] 张谦、周如旗等.乐高 4C 教育模式在基础教育师范生职业课程中的应用［J］.福建电脑, 2013,（05）: 37–40.

（1）第一阶段：初创期（2000 年—2010 年）

刚刚进入国内的乐高教育尚未有官方机构入驻国内，大部分工作依靠合作伙伴西觅亚公司进行。在此阶段，乐高教育将全球两大机器人赛事——世界机器人奥林匹克竞赛（World Robot Olympiad，WRO）和机器人世锦赛（Fist Lego League，FLL）引入国内，其主要形式便是机器人比赛和校外兴趣班。与此同时，西觅亚公司引进了很多乐高教材开课，获得一定反响。但由于旨在消化库存，多数乐高教具老化，教学弊端逐渐显现[①]。在这一阶段的乐高教育尚处于初创时期，覆盖范围很小。而且由于价格昂贵，乐高教育停留在精英教育范畴。直至 2006 年，乐高教育才在北京开设第一个乐高活动中心，这也标志着乐高集团开始重视中国这个广大的市场。

（2）第二阶段：探索期（2010 年—2014 年）

2010 年，乐高集团与我国教育部签订"技术创新人才培养计划"合作协议。这份协议也是乐高教育本土化过程中从初创走向成熟的转折点。乐高教育开始从小范围的精英教育向普及化的基础教育扩展。在此期间，乐高集团捐赠价值 2000 万元的乐高实验室器材，与我国 421 所中小学校开展创新教育合作。

同年 7 月，教育部在南京举办了"2010 年教育部—乐高高中通用技术骨干教师培训"，旨在培养我国首批乐高教育骨干教师，推广乐高教育理念，并解决乐高教师急缺的迫切问题。这是第一份实质意义上的乐高教师培养计划，代表着乐高教师培养走向全国。2011 年起，乐高教育在我国设立常驻办事机构，为我国的学校、教师、学生和家长提供更符合本土教育需求的解决方案。2012 年 8 月，教育部—乐高"技术教育创新人才培养计划"二期启动，其重点在于建设 47 所"区域性技术教育教师培训基地"。培养具备创新思维的高水准乐高教师，是该阶段乐高集团与我国教育部的共识。

---

① 王娟、汪颖.开展创新教育：乐高培训的理念、特征及应用［J］.现代教育技术，2017，（08）：115–120.

除此之外，我国已有 2 万多所中小学采用乐高机器人教育课程，近 5000 所学校将机器人教学纳入常规教学任务 [1]。同时，乐高教育更与线上、线下教育机构积极合作，开发线上研修课程，并进行多层次多角度的学术研讨。2014 年，由乐高教育、中国在线教育、环球科学以及果壳网联合召开了"技术创新人才培养国际研讨会"。同年 12 月，在腾讯教育盛典中，乐高教育荣获"中国最具影响力教育品牌"。乐高教育在国内教育界的影响力逐步上升。

（3）第三阶段：成长期（2015 年至今）

2015 年，乐高集团与教育部共同签署"创新人才培养计划"（2015 年—2019 年）合作备忘录，继续开展新一轮的合作，促进创新人才培养 [2]。

同年，根据《教育部关于实施全国中小学教师信息技术应用能力提升工程的意见》总体部署，教育部—乐高"创新人才培养计划"（2015 年—2019 年）教师培训项目启动，首批获批的乐高培训基地共 10 个 [3]。本次培训的目标，一方面是让老师们更加理解乐高教育的理念，熟悉使用乐高教具的基本方法以及解决方案；另一方面也是对既往的教学经验进行总结和反思，从而开发更加本土化的乐高教育解决方案 [4]。

这一阶段的乐高教育在更新产品与解决方案的基础上，还注重国内客户的黏合度，多次举办如教学主题研讨会、乐高竞赛等活动，增加国内客户的黏合度。2015 年，由乐高教育和西觅亚公司联合举办的"小学综合创新研讨会"召开；同年 12 月，乐高教育 StoryGames 故事创意大赛举行。2016 年，乐高教育中国区年会开幕，并在 GMIC2016 全球移动互联网大会上发布了小学课堂的科学技术综合教育解决方案。此外，风靡

[1] 王娟、汪颖.开展创新教育：乐高培训的理念、特征及应用 [J].现代教育技术，2017，（08）：115-120.
[2] 教育部基础教育二司.关于开展教育部—乐高"创新人才培养计划"（2015—2019）创新学习项目启动活动的通知 [Z].北京：教育部，2015：6.
[3] 教育部教师工作司.关于实施教育部—乐高"创新人才培养计划"（2015—2019）教师培训项目的通知 [Z].北京：教育部，2015：8.
[4] 余国平.转变未来的学习，让教师成为引导者 [J].上海教育，2016，（7）：68-69.

全球的乐高机器人、数学一起搭、故事启发等套装内容，也在 Hello Tech 科技庙会上亮相。除此之外，乐高集团还筹备在上海建立一座乐高主题乐园。由此，乐高玩具、乐高乐园与乐高教育，这"三大法宝"将成为乐高产品的三个支点①。在乐高教育范畴之内也不断进行产品结构优化调整，如乐高教具的持续更新；教育解决方案的迭代更新；机器人、故事竞赛影响不断扩大；教学研讨主题活动继续增多；教师、学生、家长的参与度大幅提升……这些因子间的有机循环，相互促进，乐高教育生态系统初见端倪。

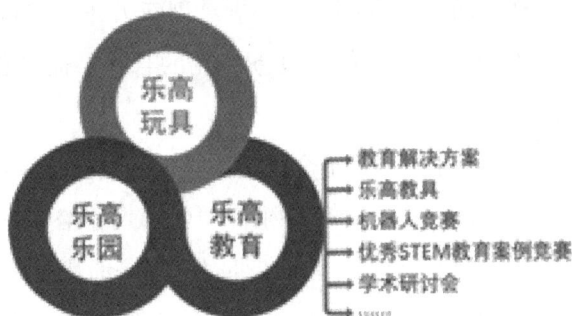

图 1.2　乐高教育生态系统

（二）乐高教育与乐高玩具、乐高机器人教育

乐高教育进入国内已有 20 年的时间，也已具备足够的知名度与相对稳定的客户群（主要是各中小学校、校外培训机构）。究竟是乐高玩具推进了乐高教育的发展，还是乐高教育帮助乐高玩具打开了国内市场的局面？虽然这种别具一格的营销方式值得称道，但这并不是此处需要厘清的首要问题。然而这一营销方式带来一种混乱——国内教师、家长经常将乐高教具与乐高玩具，乐高教育与乐高机器人教育这两组概念相混淆。辨别这两组概念，是理解乐高教育理念的第一步。

---

① 王鑫.乐高的"三大法宝"［J］.经营管理者，2017，（17）：84.

1. 乐高教具与乐高玩具

乐高对自己的不同产品采用不同的销售方式。乐高的传统玩具通过商场销售，但乐高教育的产品从问世以来，并未进入商场，而是利用培训中心进行推广[①]。在零件规格和标准方面，二者并没有区别，都具备"选材安全、制备精准、搭建多元、迭代稳健"的特点。

选材安全：乐高产品主要采用 ABS 塑胶原料树脂，这是一种强度高、韧性好、易于加工成型的热塑型高分子材料结构，可用于食品容器和汽车零件制造，耐磨、耐高温（167℃）、防腐蚀，可用洗涤剂反复清洗。

制备精准：乐高积木模具精度公差为 0.000005 米，即 5 微米，模块之间互换性强，易拼插，易操作。

搭建多元：乐高产品，可以称之为一种"开源"的低结构化工具。其中的多功能元件能够最大程度激发少年儿童的学习欲望和想象力，组合出属于自己的乐高"艺术品"，比如不同类型的模型和机器人等等。真正做到"只有想不到，没有做不到"[②]。

迭代稳健：乐高产品的更新迭代稳健又迅速。正如乐高大中国区经理乔尔金森（Esben Staerk Joergensen）所言，"现在乐高推出的每一个新产品背后都有一个庞大的体系……在全球范围内设立实验室，收集全球化市场上的最新变化，捕捉消费者的潮流需求，而后把这些信息汇聚在一起，产生许多新的创意。这些环节在乐高的产品研发流程中已经制度化了"[③]。正是乐高产品独具匠心的设计使其在众多的玩具中脱颖而出，曾经两度被评为"世纪玩具"。但也正是因为乐高玩具较早进入我国，使得家长们对乐高产品一直停留在机器人玩具、模型玩具等益智玩具的概念之上，缺乏对乐高教具这一系列新型产品的认识。从制作工艺上，乐高教具与乐高玩具基本一致，但在功能和结构上，二者具备很大的不同。

① 金学方."皇冠上的珍珠"——丹麦教育见闻[J].世界教育信息，2004，（05）：28-31.
② 周晶.基于人机交互理论对乐高机器人玩具的研究[D].南京师范大学，2013.
③ 王佩菁.乐高：创新不仅仅是造件新玩具[N].中国质量报，2013-04-17（008）.

首先，每一款乐高教具除硬件及编程资源之外，还会有与之配套的、完整的、行之有效的教学设计、教学流程和线上资源——即整体教学解决方案。乐高教具将自身工艺产品的重点从"游戏工具"转移到"教学工具"之上。乐高教具不是由学生单纯模仿成品图册就可以完成的高度结构化搭建的模型玩具，而是针对某一主题（或某一知识点）设计的完整教学组织结构，具备非常明确的学习目标及教学安排。初接触乐高玩具，儿童往往带着兴趣而游戏。但这份兴趣并没有得到照料，往往随着时间的推移而慢慢消退。而在乐高教具的范畴内，兴趣是学生学习的起点和驱动力，也是乐高教师们关注的重点和难点。

其次，乐高教具需要在接受过专门培训的乐高教师的引导下使用，这也是乐高教育的关键之一。学生通过有组织的乐高课堂习得知识与技能。经过精心设计的乐高课堂克服学生在游戏中学习目标弥散、学习效果低下的弊端。这里还需要强调的是，乐高课堂的核心并不是完成一个乐高模型的搭建，而是通过这次搭建活动或者搭建成品的运用让学生习得既定知识或技能。

最后，合作也是乐高教育的特色之一。相对于乐高玩具而言，乐高教育解决方案中的任务（或主题、项目）大部分需要小组合作完成。在挑战过程中，学生通过沟通、交流、分享获得同伴支持，从而提升学生团队协作以及解决问题的能力，这也是以个人游戏为主的乐高玩具无法比拟的优势。

2. 乐高教育与乐高机器人教育

为打开乐高教具的国内市场，乐高教育将全球两大机器人赛事（WRO 和 FLL）引入国内，其主要形式便是机器人比赛和校内、校外兴趣培训班。这一时期，教师和家长对乐高的印象，便是只有少数"聪明"孩子参与的"乐高机器人"培训，而参与乐高培训的目的便是参加机器人竞赛。改变这一观点的是 2010 年乐高与我国教育部签订"技术创新人才培养计划"合作协议。随着信息化技术教育改革的进一步推进，乐高教具也被更多的中小学校所熟知。除乐高机器人系列（如 EV3 机器人套装）之外，乐高教育旗下的科技与生活系列、故事套装等也进入更多学校与课堂。乐高教育不再被限制在校内的乐高实验室或校外的乐高培训班中，它的普及化趋势使每一个学生都有接触并运用乐高教具的机会。即使是一节最普通的数学课，教师也可以借助乐高教具来达到更好的效果。

（三）乐高教育 K—12 解决方案

乐高教育解决方案的雏形是其 2015 年推出的《小学阶段整体教育解决方案》。受到美国 STEM 教育的影响，乐高教育加深对各国信息教育实践教学案例的研发与探索。直至 2017 年乐高教育线上资源面向大众全面开放，并推出覆盖 K—12 教育各个学段的完整解决方案。乐高教育这一"开源"的目标旨在帮助乐高教师更好地实现乐高教具的教学价值，最终培养中小学生创造能力与问题解决能力。乐高教育从纵向的认知发展阶段和横向的多元智能双向视角，设计并建构出适合不同年龄阶段学生的乐高教具及其解决方案。

从纵向而言，皮亚杰认知发展阶段理论将儿童的发展分为感知运动、前运算、具体运算以及形式运算四个阶段。乐高教育充分考虑到学生认知发展的这一特点，分别设计适合幼儿园、小学、中学三个主要学年阶段的教具与教育解决方案。

幼儿园阶段的儿童处于前运算阶段（3—6、7 岁），其解决方案以多样化的故事套装为核心，目的在于鼓励儿童勇敢的探索陌生的世界，建构自己对世界的认识。

小学阶段的学生处于具体运算阶段（7—11、12 岁），其教育解决方案主要包括"数学一起搭""科学与技术套装""WeDo 科学机器人套装"等。这些解决方案重在激发并保持学生学习的兴趣，将抽象的知识用乐高教具具象地呈现出来，推动学生总结自己的学习经验并养成解决问题的良好习惯。

中学阶段的学生已经发展到形式运算阶段（11、12—18 岁），这一阶段的解决方案主要包括"科学与技术套装"与"EV3 机器人套装"等。这些方案旨在通过更高难度的挑战来培养该阶段学生的反省性思维以及创造性思维。

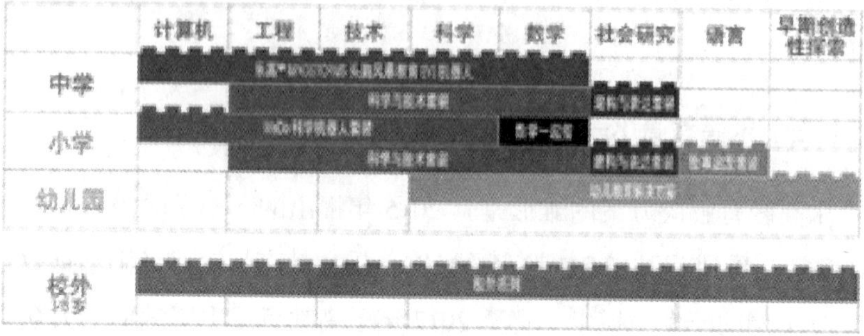

图 1.3　乐高教育课程设置

图片来源：乐高教育 2017 年 K12 教育解决方案

　　从个体发展的横向视角而言，加德纳认为，人类智能包括但并不限于八种智能类型，每种智能既相互独立，又彼此影响，共同构成人类智能结构。同时，每种智能可以通过不同的方式加以锻炼、提升。早期的乐高教育试图利用乐高教具全方位地提升学生的八项甚至更多的智能水平，但在随后的研究中，乐高教育更精准地定位到自身的优势与特长，并随之进行更为深入的探索。最终，乐高教育更加着重于发展学生的身体能力、认知能力、情感能力、社交能力以及创造能力等五项智能，并将之与美国兴起的 STEM 教育相结合，将乐高课程划分为包括 STEM（工程、技术、科学、数学）、计算机、社会研究、语言、早期创造性探索等不同领域。这也是不同系列的乐高教具所特有的智能培养针对性。比如科学与技术套装更适合进行 STEM 教学（如重量计算课程）。然而，这种针对性并非绝对化的界限，同一教具也能运用于不同的领域。如 EV3 机器人套装既适合进行计算机教学（如编程课程），也适合 STEM 教学（如惯性作用课程）。归根结底，教师如何设计并运用乐高教具，才是乐高教具实现其教学价值的关键。

1. 幼儿教育解决方案——创造性探索

根据皮亚杰认知发展阶段理论，3—6、7 岁的儿童处于前运算阶段，该阶段的儿童能够将感知动作内化为表象，建立了符号功能，可凭借心理符号（主要是表象）进行思维，从而使思维产生质的飞跃。在这一阶段，游戏是儿童学习的主要方式，快乐是学习的助燃剂，寓教于乐是成长的应有之义。乐高幼儿教育解决方案为该阶段的儿童提供以创造性探索为核心的整体课程，儿童在快乐中探索世界，在勇敢中应对未知，在自信中表达想法，从而构建自己个性化的"小世界"。

图 1.4 幼儿教育解决方案

图片来源：乐高教育 2017 年 K12 教育解决方案

（1）创造性探索课程

主要学习价值：

创造力；自我表达；探索世界；分类和归类；角色与责任。

主要教具：

乐高®软积木套装（45003）；乐高®得宝超大核心套装（9090）；创意乐高得宝积木套装（45019）；野生动物套装（45012）；大大农场套

装（45007）；交通工具套装（45006）；创意乐高积木套装（45020）；太空与机床套装（9335）。

（2）社交技能与社会情感课程

主要学习价值：

识别和理解情绪；理解各种关系；协作；自我意识；轮流游戏。

主要教具：

我们的小镇套装（45021）；幸运动物游戏套装（45009）；游乐场套装（45001）；搭建我的"情绪"套装（45018）；社区人民套装（45010）；世界人民套装（45011）；社区人仔套装（45022）；社区启发套装（9389）。

（3）早期语言课程

主要学习价值：

听说能力；创造力；故事讲述；协作；角色扮演。

主要教具：

童话王国套装（45005）；奇幻人仔套装（45023）；场景套装（9385）。

（4）早期数学与早期科学课程

主要学习价值：

听说能力；解决问题；观察和描述；简单加减法；分类和归类；创造力。

主要教具：

管道游戏套装（9076）；数学列车（45008）；咖啡馆套装+（45004）；百变工程（45002）。

2. 小学教育解决方案——激发学习热情

我国小学阶段学生年龄主要集中在 7—11、12 岁之间，处于具体运算阶段。在本阶段内，儿童的认知结构由前运算阶段的表象图式演化为运算图式。对小学学生而言，激发并保持足够的学习热情非常关键。低结构化的乐高教具能够通过将枯燥、抽象的数学、物理等概念、规律用具象的形式表达出来。

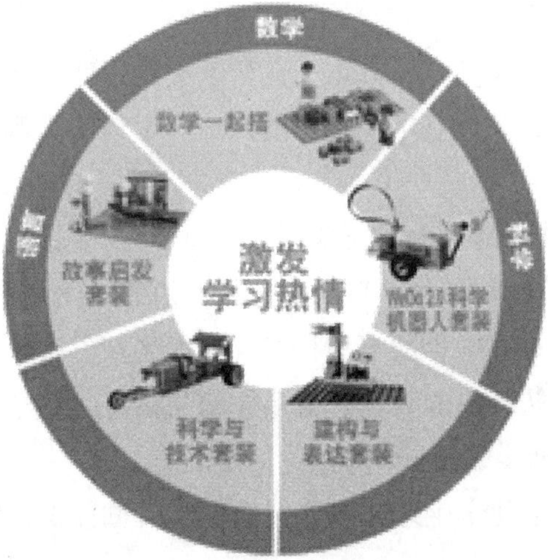

图 1.5　小学教育解决方案

图片来源：乐高教育 2017 年 K12 教育解决方案

（1）WeDo2.0 科学机器人套装（45300）解决方案

该套装可以加深学生对于八种科学和工程实践的理解，包括提出并解决问题、建构模型、模型制作、调查、分析和解释数据、计算机思维、基于证据形成论点，以及获取、评估和传达信息。学生可以通过一些围绕关键科学主题（如物理科学、生命科学、地球和太空科学、工程、技术以及科学应用）的动手体验项目培养相关能力，同时使用相关数字工具强化自己的计算机思维。

图 1.6　WeDo2.0 科学机器人套装（45300）

主要学习价值：

探究、模拟和设计解决方案；让科学更贴近我们的生活，激发学生学习科学的兴趣；掌握基本编程技能，培养思辨能力和问题解决能力；写作和表达能力。

（2）科学与技术套装解决方案

该套装解决方案推出一系列趣味十足并能轻松掌握的课堂工具，这些工具有助于培养学生的多种技能，如以创新方式解决问题的能力、交流能力以及团队合作能力。丰富多样的联系可引导学生通过观察、推理、预测和思辨初步掌握科学方法论的使用。

为循序渐进地使学生理解和掌握机器和机械知识，针对低中高不同年龄段设计三种不同的解决方案。

①早期简单机械课程（9656）

主要学习价值：

了解齿轮、杠杆、滑轮、轮轴等基本机械的工作原理；了解力、漂浮和平衡原理；通过设计解决问题；与他人合作并分享发现成果。

②简单机械课程（9689）

主要学习价值：

观察和研究齿轮、轮轴、杠杆和滑轮等简单机械；培养科学探索能力；遵循工程设计流程的设计纲要；学习和应用简单机械的相关词汇；合理地测试、预测、测量、收集数据并描述成果。

③简单动力课程（9686）

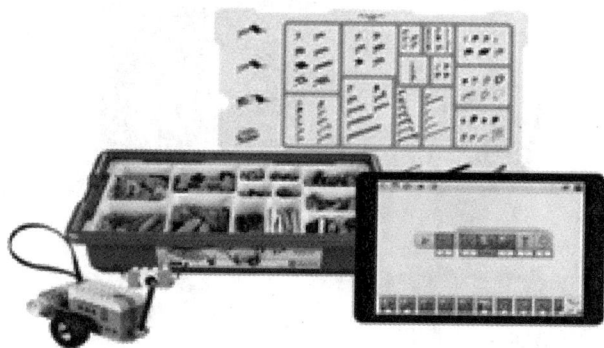

图 1.7　简单动力课程套装（9686）

主要学习价值：

探究简单机械、机构和结构的工作原理；进行平衡和不平衡力试验；进行摩擦力试验；捕获、储存和传输风能；测量距离、时间、速度和重量；校准天平；研究动力、运动、速度和拉力。

（3）数学一起搭（45210）解决方案

该套装着重培养学生解决数学问题的能力，通过使用孩子们熟悉的乐高积木，并结合现实生活常识，可以鼓励学生自由思考、书写和谈论数学问题。

主要学习价值：

加强学生对于数学问题解决能力的理解，包括问题理解能力、推理能力、坚持不懈、精确度、建模能力以及陈述能力；通过算术、十进制运算、代数思维、测量、数据、结合和空间概念方面的动手实践提高学生的数学学习能力；通过相互协作和个人思考提高解决问题的能力和数学思维能力。

（4）故事启发套装（45100）解决方案

该套装是专为小学课程设计的动手体验式语言教学工具，生动有趣，能够激发学生的想象力。该套装可帮助学生构思故事，培养协作能力以及自信，编写和讲述故事。

主要学习价值：

增强语言能力，提高写作、语言和阅读能力；加强沟通能力，包括口语、听力和表达能力；提高写作和团队合作能力；培养理解能力，使学生学会构思新故事或分析现有故事。

延伸主题包：

故事启发套装（45100）；故事启发童话主题包（45101）；故事启发太空主题包（45102）。

3. 中学阶段解决方案——挑战

"让十三四岁的孩子有跃跃欲试的冲动并非易事，但乐高教育的解决方案每次都能激起他们的兴趣。"

——堪萨斯城·利斯萨米特

知识获取		能力培养		自由创造	
记忆	理解	运用	分析	评估	创造

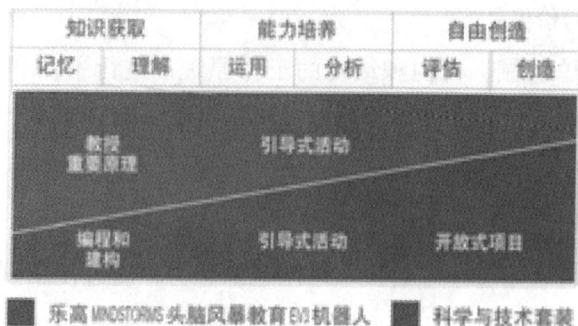

图 1.8　中学阶段教育解决方案

图片来源：乐高教育 2017 年 K12 教育解决方案

　　中学阶段的学生年龄主要集中在 11、12 至 18 岁之间，也就是形式思维的阶段。该阶段的学生已经具备逻辑思维和抽象的能力，也能够认识更复杂的世界。在这一阶段的教育解决方案中，乐高教育不仅仅着重激发学生的学习兴趣，更注重通过更高难度的挑战在更长时间内维持这种兴趣。而这不仅能够培养学生的创造力，也能够让学生以更积极的方式解决问题、应对未来生活与工作的压力。其中科学与技术套装帮助学生理解重要原理；乐高 ®MINDSTORMS® 头脑风暴教育 EV3 机器人以低结构化的功能模块促进学生自由创造。

　　（1）乐高®MINDSTORMS® 头脑风暴教育 EV3 机器人（45544）解决方案

　　① EV3 机器人设计工程项目课程

图 1.9　EV3 机器人套装（45544）

主要学习价值：

理解并应用数学概念，例如比例和比率、作图数据和多位数计算；运用速度和功率、运动和稳定性等科学概念；在解决问题的过程中排除故障，进行创新和实验。

②EV3编程课程

主要学习价值：

理解反映计算机思维的一些重要算法；适当使用列表、表格和阵列等数据结构；设计、使用和评估模拟现实问题和物理系统状态及行为的抽象计算程序。

③EV3机器人物理课程

主要学习价值：

提出问题、开发和使用模型；规划和开展调查；分析和解释数据；使用数学、信息和计算机技术，培养计算机思维；构思和设计解决方案。

④EV3机器人太空挑战套装（45544+45570）

主要学习价值：

轻松入门机器人和STEM学科；解决现实世界中的问题；团队合作开发解决方案；学会搭建、测试和评估机器人；动手体验编程、传感器、电机和智能装置。

（2）科学与技术套装（9686）解决方案

包含各种充满挑战的动手体验工具，可以将STEM等学科的书本知识与现实世界中的各种现象联系起来。

主要学习价值：

搭建和探究现实生活中的机器与机械装置；探究动力机械结构；探究简单机械、机构和结构的工作原理；理解工作和机械效益的概念；学习并运用工程设计流程。

拓展主题包：

①新能源补充包（9688）

主要学习价值：

通过搭建现实的乐高模型了解新能源；了解能量供应、传输、集聚、转换和损耗；理解并使用能量变量（伏、安、瓦和焦耳）；激发学生对工程设计的兴趣。

②气动力补充包（9641）

主要学习价值：

使用乐高积木搭建并探究现实世界中的气动力设备；探究动力系统和组件；以 psi 和 bar 为单位测量压力；了解动能和势能。

4. 校外课程

除常规课程外，还为学有余力的学生提供校外系列课程。

①野生动物园探险课程

该课程可增进学生对各类动物的了解，如大象、骆驼、鹦鹉和鸵鸟。在这些有趣的学习活动中，孩子们将帮助两名探险家艾薇和艾迪在各种不同栖息地寻找动物。通过这次探险之旅，将锻炼孩子们对颜色和形状的识别能力以及二维和三维空间推理能力。

主要学习价值：

增强听、说和理解力；培养空间推理能力和方向感；锻炼精细动作技能；聆听并遵循指示；回忆模型设计。

②小小编程师课程

该课程将指导孩子们完成"入门"培训。他们将搭建模型并学习如何通过简单的编程控制电机和传感器。凯里·科德和拉里·卢普将带孩子们前往世界各地，执行一系列任务，比如拯救挪威的北极熊和对飞行模拟器编程。

主要学习价值：

调研、模拟和设计解决方案；学习基本的编程技能；与他人协作；向他人展示想法和解决方案；用自我评估工具对个人学习进展进行评估。

③机器人世界系列课程

机器人世界是以故事和任务为基础的系列课程，旨在启发学生以有趣和富有想象力的方式完成任务。每本练习册都包含不同的主体，其中不同的人物扮演特定的角色，想出创造性的机器人解决方案，或指导学生解决问题和进行工程设计。

主要学习价值：

设计和搭建机器人并进行编程；测试和调试程序；使用输入和输出设备；使用直观的预测工具；故障排除和创新；多位数计算。

二、乐高教育的理论融合模型

乐高教育与 STEM 教育、创客教育都成长于"做中学"学习理念与建构主义学习理论的沃土。同时，乐高教育还吸收多元智能理论、探究学习、游戏学习等实践教学方法的精华。在此基础上融合形成自己的课程设计原则（5Fs 教学设计原则）和学习模式（4Cs 学习模式），作为开展乐高教育的基础。

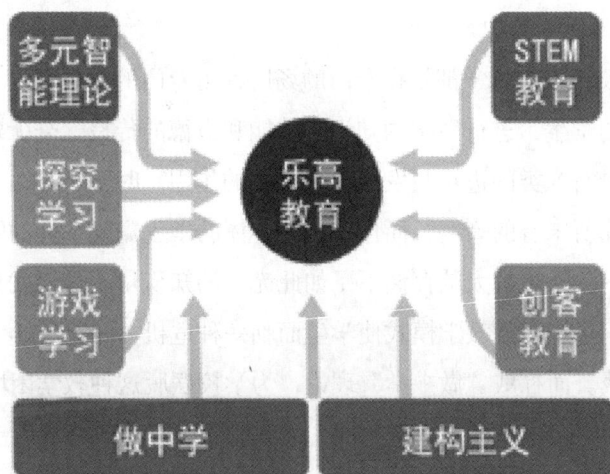

图 1.10　乐高教育的理论融合模型

（一）"做中学"学习理念

早在 20 世纪，美国的进步教育运动就已经开始注重"做中学"等活动课程。而作为这一时期最负声望的实用主义哲学家与教育家——杜威，是"做中学"学习理念的提出者与倡导者。他受实用主义和生物进化论的影响，把经验看作现实世界的基础，从而提出经验主义的哲学认知。而这种认知体现在教学层面便是"做中学"。杜威全部哲学的出发点就是试图运用新的经验方法取代二元论的

图 1.11 约翰·杜威（John Dewey）

非经验方法，这其实也就是"知"（knowing）与"行"（doing）的新思路——知行合一。他从这种新的意义上解释知与行的关系，主张让学生从经验中学习，通过解决问题来学习。而在这 100 年以来，杜威的"做中学"理论思想深深地影响着学校教学的改革。

1. 什么是"做中学"？

自学校产生，教学都是在专门的场所，由专门的教师通过专门的方式针对特定的学生，进行系统的知识、技能和道德的传授。毫无疑问，这类正规的学校对人类的进步与发展起到重要的作用。时至今日，人类知识的容量达到前所未有的高度，而作为单一个体的学生需要掌握的知识量也达到临界点——学生的大脑存储不了如此庞大的知识量。这也就意味着，单单追求知识量累积的教学模式使学生面临一种危机——其所学无法应对现实生活挑战。而杜威"做中学"理论，为学校摆脱这种教学困境打开一条新的思路。在接下来的 100 多年间，无数教育界和非教育界人士都在这条思路上孜孜以行。乐高教育便是其中一种，它以"做中学"作为自己的理论本源。那么，究竟什么是"做中学"？要回答这个问题并不容易，这中间包含三个层面的问题，一是做什么。也就是活动内容；二是怎么做。即

"做"的过程和方法；三是学什么。即通过"做"追求何种学习结果。[①]接下来，便从这三个层面来进一步阐释什么是"做中学"。

（1）做什么？

在杜威"做中学"理论之中折射出了两个原型活动的影子，其一是手工艺活动，其二是科学研究[②]。这里所说的两种原型是指两类"做"的典型性活动形式，而非狭义的这两种活动。之所以称之为"影子"，也是因为杜威本人可能并未真正意识到这两种原型活动的分野，然而在杜威的教学改革中确实有这么两条明显的线索。

首先，我们来看第一个原型活动。杜威认为，学校要让学生进行各种活动，"把单纯的符号和形式的课程降低到次要的地位"，这"意味着使得每个学校都成为一种雏形的社会生活，以反映大社会生活的各种类型的作业进行活动，并充满着艺术、历史和科学的精神"[③]。这就是"教育即生活、学校即社会"的教育理念——"学校作为一种制度，应该把现实生活简化起来，缩小到一种雏形的状态"[④]。而各种形式的手工艺活动，例如木工、金工、纺织、缝纫、烹调等，在课程中应居于中心的、根本的和基础的地位[⑤]。这种原型下发生的学习，是简单的、动手的（hands-on）、感性的、具体的学习，能够帮助儿童快速地成长为独立的个体，进入社会生活中。杜威指出，"学校各种形式的实际活动的目的，主要不是它们自身，或者在于厨工、缝纫工、木工和泥水工的专门技能，而是在于他们在社会方面能与外部生活相联系；同时在个人方面能反映儿童关于动作表现和做某事的愿望的需要，是建设的、创造的而不是被动的和顺从的。这些形式的重要意义是在社会和个人两个方面之间保持一种协调"[⑥]。

① 高文、徐斌艳、吴刚.建构主义教育研究［M］.教育科学出版社，2008：95.
② 张建伟.建构性学习——学习科学的整合性探索［M］.上海·上海教育出版社，2005.
③ 杜威.学校与社会//杜威教育论著选［M］.上海·华东师范大学出版社.1981：28.
④ 杜威著、王承绪译.民主主义与教育//杜威教育论著选［M］.北京·人民教育出版社.2001：4.
⑤ DEWEY J. The place of manual training in the elementary course of study. Manual Training Magazine，1901（7）.
⑥ 杜威.学校与社会//杜威教育论著选［M］.上海·华东师范大学出版社.1981：56.

这种原型的"做中学"是当前课程中比较常见的观点之一。所以"做中学"被称为 hands-on Learning。当然，对儿童而言，直接经验的确比间接经验来得更有效果。告诉我的，我可能会忘记，展示给我，我能记住，但是让我身临其境，我则能理解；告诉我一千次，还不如让我动手做一次①。这也是对"做中学、玩中学"最简单和直接的解释。但学习却不能仅仅满足于此，随着年龄的增长，个体需要掌握更加复杂、高度抽象甚至世间前所未有的知识。

这就需要第二种"原型活动"——科学研究。杜威认为，科学的方法和态度意味着"绝不轻信、大胆怀疑，直到得到真凭实据为止；宁愿向证据指向的地方去寻求，而不当成一个武断来加以肯定；以及（可能是这一切之中最突出的）醉心于新的探究领域和新的问题"②。因而，杜威在强调"做中学"的重要性之时，也强调"反省思维"这一科学思维方法的重要性。反省性思维意味着思维活动不是墨守成规的，不是任意的、不负责任的臆想，也不同于寄希望于偶然发现的尝试错误。反省思维的功能是把经验含糊的、可疑的、矛盾的、某种失调的情境转变为清楚的、有条理的、安定的以及和谐的情境③。只有人们心甘情愿地忍受疑难的困惑，不辞劳苦地进行探究，才有可能具备反省思维④。而思维的伟大价值之一，是他能延缓不可弥补的行动进行，也就是说，那些已经做出便不能被取消的行动⑤。以培养反省思维为教育目的，因为它一是能使合理的行动具有自觉的目的，将人与本能反应的野兽区别开来；二是能进行有系统的准备和发明，这又将智慧的文明人与野蛮人区别开来；三是思维能使有形的事物和物体具有不同的状态和价值⑥。科学研究活动中反省思维的重要性可见一斑。

---

① 任开院 . 广州 ZL 乐高科技中心商业计划书［D］. 华南理工大学，2012.
② 杜威 . 自由与文化［M］. 北京·中国传媒大学出版社 .2016；109—112.
③ 杜威著、姜文闵译 . 我们怎样思维·经验与教育［M］. 北京·人民教育出版社，2005；88.
④ 杜威著、姜文闵译 . 我们怎样思维·经验与教育［M］. 北京·人民教育出版社，2005；21.
⑤ 杜威著、姜文闵译 . 我们怎样思维·经验与教育［M］. 北京·人民教育出版社，2005；100.
⑥ 杜威著、姜文闵译 . 我们怎样思维·经验与教育［M］. 北京·人民教育出版社，2005；23—25.

由此可见，杜威并不是只注重"手工艺活动"，也注重抽象的"科学研究"。而二者也并不是决然分开的两种类型，前者强调实践与知识转化技能但并没有摈弃反省思维；后者偏重反省思维与理论形成，但最终也需要现在或将来的验证。

（2）怎么做？

"手工艺活动"和"科学研究"共同构成"做"的原型。在"手工艺活动"原型中，常见的实施路径是各种亲手操作的学习活动，如中学物理中的定滑轮与动滑轮的实验，中学化学中制取氧气的实验。这些活动的目的都在于培养学生的实际动手能力或者问题解决能力，但其效果却往往差强人意。因为这些实验往往是规定好各种步骤和操作注意事项，学生如同被控制的机器人按照既定程序进行操作。这表明，虽然教师已经知道动手的重要意义，但这并不意味着"做中学"的完成。"怎么做"成为困扰教师的一大难题。其原因之一，便是教师对自身角色转变的困惑。在"做中学"活动中，需要亲手操作的学生才是整个活动的中心，而教师只是处于引导与辅助的位置。这与偶尔性质的教师与学生的交流大不相同——在大部分的时间，全身心投入的学生甚至感受不到教师的存在，然而当真正需要的时候，教师也就在身边。在这个活动中，教师只是消极的引导者，只对学生进行建设性的引导和结构性的帮助。

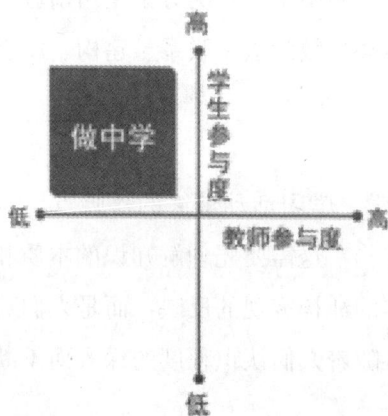

图1.12 "做中学"中教师与学生的参与程度

"做中学"更应该是一种探究性的学习活动，它促进学生知识的建构和思维的发展。这种促进作用便是依靠"反省思维"起作用。杜威认为，反省思维在混沌状态和明晰状态两种情境之中交替循环进行，而这其中有但并不限于五个阶段[①]，也被称为思维五步法：

①疑难境地：学习者要有一种"经验的真实情境"，即学生有兴趣的活动；

②问题识别：在这种"情境"里面，要有促使学生去思考的"真实问题"；

③大胆假设：学习者须具有相当的知识，从事必要的观察，用来对付这种问题；

④严谨推理：学习者须具有解决这种问题的种种设想，并将这些设想整理排列，使其秩序井然，有条不紊；

⑤细心求证：学习者把设想的办法付诸实施，检验这种方法的可靠性。

对教师而言，充分理解并实施五步思维方法进行"做中学"并不是一件容易的事情。这中间需要花费大量的时间和精力，当然，大班教学的授课形式也是非常大的制约。而对已经习惯传统课堂学习模式的学生而言，改变也绝不可能在一朝一夕之内完成。为教师提供更直接、更简单、更具操作性的"做中学"解决方案是当前教学改革的一个重要方向，而乐高教育通过 4Cs 教学法（联系、建构、反思、拓展）做到了这一点。

（3）学什么？

"学"是"做中学"学习活动最终的落脚点。学生究竟学什么？需要完成哪些知识的建构？这需要先理解知识的本质和类型。建构主义认为，知识不是对现实的纯粹客观的反映，而是人们对客观世界的一种解释、假设或假说，将随着人们认识程度的深入而不断地变革、深化，出

---

① 杜威著、姜文闵译. 我们怎样思维·经验与教育［M］.北京·人民教育出版社，2005：93-102.

现新的解释和假设①。为了便于分析，本文根据张建伟的观点，将知识分为主观知识、客观知识和实践情境知识三种类型②。

①主观知识

从本质上说，知识是人对事物属性与联系的能动反映，它通过人与客观事物的相互作用而形成。这些知识会以一定的方式存储在个体的大脑之中，构成个体的主观知识。

②客观知识

客观知识是由说出、写作、印出的各种陈述组成的包括问题与问题情境、假说、理论体系、论据等，它们出现在杂志、书本、图书馆等环境之中。客观知识一旦创生，就开始自己的生命和历史，而不再受原作者控制。

③实践情境知识

实践情境知识就是指蕴涵于某种社会实践活动以及其中使用的工具物品之中的知识，这些知识体现在实践共同体成员的社会关系（如分工）、实践规则之中，也体现在他们所使用的工具以及活动所发生的物质情境之中。

客观知识和实践情境知识都是在人的主观认识世界之外存在的知识形态，它们两者都是人为创造的，两者之间的差别见下表。

表 1.1 客观知识和实践情境知识的比较

客观知识	实践情境知识
以观念性人造物品（客观思想）的形式存在于书籍、杂志、图书馆等之中	以情景化的方式分布在实践活动中的社会关系、活动方式及工具、物品之中
强调理念和思想	强调实践问题解决
以科学共同体为原型	以实践共同体为原型
更抽象、去情境	更具体、与情境相关联
更有普适性，更能迁移	在具体情境中功能大，但略难迁移
更关注知识的创新发展	更关注知识的实践应用

① 李方.教育知识与能力［M］.北京·高等教育出版社，2011.
② 高文、徐斌艳、吴刚.建构主义教育研究［M］.教育科学出版社，2008：103–106.

客观知识和实践情境知识各有优势，他们对于社会和个人的发展具有不同的重要价值。在学校教育中，不能仅仅关注学生头脑中主观知识的发展，而是必须保持和促进主观知识与客观知识、实践情境知识之间的共生共进关系。这也正是两个原型"做中学"的价值所在，也是情境学习的重要性所在。

在乐高教育的解决方案中，主观知识的传授只占有很小一部分的内容。学习者更多时间需要自由的建构属于自己的实践情境知识，在建构过程中也不断完成三种知识间的提取与转换，不断地进行反思、拓展以完成新的建构。乐高教育的成品也不是有形的各种机器人或者模型，而是在此之中学生学到的解决问题的方法、技能以及思维方式等等。

2. "做中学"学习理念的实践探索

随着学校教学改革的进一步发展，传统"教学中心、教师中学、教材中心"的教学理念逐渐被"学习中心、经验中心、活动中学"学习理念所冲击。越来越多的教育专家重视培养学生的动手实践、问题解决以及创新创造的能力。"做中学"理论也随之被广泛地运用于各种教学实践之中。在"做中学"理论中，学习者首先面临某种实际的疑难情境，通过反省性思维来分析、思考问题，从而提出可能的解决方案，并对各种假设进行反复逻辑推理、实践检验，直至得出结论。这种学习活动最终获得的并不仅仅是疑难问题的解决方案，还在于应对疑难、解决疑难的方式方法及其在更广泛的相类似情境中迁移性运用。经过多年的发展，"做中学"的主要学习环节包括但不限于提出问题、做出假设、动手操作、记录信息、得出结论以及表达交流等环节。

（1）提出问题

在这个环节需要珍惜儿童的好奇心，引导他们观察周围的某一自然现象、某一物品，或者考察现实世界中发生的某一件事，鼓励儿童提出问题。教师要善于创设起始情景启发学生提出问题。由教师引导，必要时帮助学生根据他们想表达的意思重新组织问题，使问题集中在科学方面并帮助他们改善口头表达；在教师指导下选择合适的问题进行探究。

（2）做出假设

让学生在"做中学"实验研究之前，先猜想可能出现的结果，并做出自己的判断。这样做可以引导学生在动手之前先动脑，增强其行动的计划性，使实验活动有明确的指向和目的。带着问题与假设去进行"做中学"实验，能保证学生探究活动的效果。要让学生阐述猜想的理由。

（3）动手操作

这是学生学科学的一个主要环节。根据活动内容，要求学生至少两人或三至四人组成小组，自己设计实验步骤、选取实验器具和材料、设计记录表格、动手操作、不断进行调整，并最终完成实验。实验的目的是证实或推翻实验前自己提出的假设。从小长期接受这种训练，将有助于学生动手能力、思维能力、和合作能力的提高。

（4）记录信息

在实验过程中及结束后，学生要详细地将实验过程与结果记录在实验记录本上，记录的方法多种多样，可以用数字表格，也可以画成图。实验记录本人手一册，并长期使用和保存。经过一段时间的积累，学生可以看到自己在不同时期所做的实验记录，和当时的想法，这会引起他们不断地反思。因此实验记录不仅是学生学科学的记录，也是他们成长的真实记录。

（5）得出结论

学生在科学活动中，经过假设和实验记录之后，将能独立做出决断，得出自己的结论，形成自己的科学认识。他们做出的结论也许是证实自己的假设，也许是否定自己的假设，但都是建立在实验和记录基础之上的，反映了学生的基本认识。"做中学"项目强调在实验过程中得出明确的结论，这将增强学生的研究概括能力。

（6）表达交流

学生在实验过程中，不仅要自己动手操作，自己验证假设，自己得出结论，还要能够用准确的、恰当的语言进行表述，与同伴交流获得的经验。在实验结束时，要进行小组或全班集体讨论，每个实验结论还要经过同伴的质疑。这个环节进一步加深了学生对研究本身的认识，同时也使他们学会了相互交流与分享经验、相互尊重与合作。最后全班形成一致的观点，在教师的帮助下概括出科学结论，并要求学生把正确的结论画下来、写下来。

在此基础上，乐高教育设计独属于乐高课堂的 4Cs 流程，将其环节简化为联系、建构、反思和拓展，并详细设计每个环节所包含的注意事项，为教师的课堂教学建言献策。

（二）建构主义学习理论

建构主义（Constructivism）是西方哲学、心理学的一个流派，并对当今世界各种学习与教育理念产生深刻而广泛的影响。要认识建构主义理念，首先就要从哲学和心理学两个角度来探讨其发展的脉络。

从哲学角度而言，建构主义还受到詹巴蒂斯塔·维柯（Giambattista Vico）的"新科学理念"、康德（Immanuel Kant）的存在主义以及杜威（John Dewey）实用主义等理论的影响[①]。当然，至今并没有一种哲学流派可以自称建构主义，但他们却都有一个基本的特征——强调个体在认识中的作用，也就是看重在认识的过程中主体与客体间的相互作用，认识并不仅仅是简单的主体把握客体的过程。

从心理学的角度而言，建构主义是继行为主义、认知主义之后发展起来的新的学习理论。可以说行为主义的"学习就是反应的强化"和认知主义的"学习是知识的获得"，以及与此相应的"教学就是操练""教学就是可以打包的知识产品的输入"等隐喻，是传统乃至现今学校课堂中的主流文化[②]。当然，无论是行为主义，还是认知主义，其认识论基本上就是客观主义，这也是多年来心理学的发展并未在实质上改变传统教学传递知识这一认知的根源。当然，建构主义并不代表其可以成为一切学习理论的唯一依据。应当说，行为主义、认知主义、建构主义学习理

---

① 艾兴．建构主义课程研究［D］．西南大学，2007.
② 高文、徐斌艳、吴刚．建构主义教育研究［M］．教育科学出版社，2008：213.

论指导下的教学设计是一种并存的关系，而不是替代关系，各有着不同的适用领域。一般来说，进行教学设计时选择何种学习理论受到三个因素的影响：学习者的准备水平（主要指认知水平、先验水平）、学习任务的复杂性和学习环境的丰富性，当然在一门课程的学习活动中，三种因素往往是以整合的形式出现。

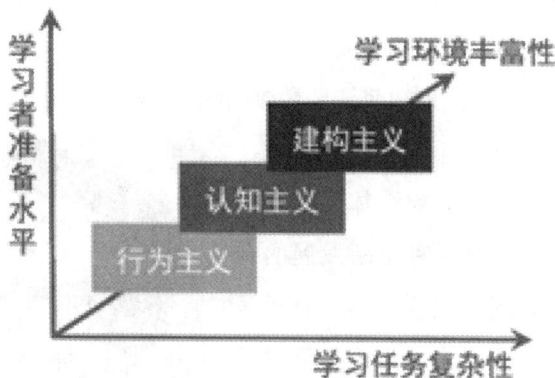

图 1.13　学习理论选择的三个维度

1. 建构主义学习理论主要代表人物及其思想

在建构主义的心理学发展路线中，皮亚杰无疑是杰出的引领人。他认为，儿童认知结构的发展就是通过同化和顺应过程逐步建构起来，并在"平衡"—不平衡—新的平衡"的循环中得到不断丰富、提高和发展。在皮亚杰这一观点的基础上，科尔伯格（Kohlberg）对认知结构的性质与认知结构发展的条件等方面做了进一步的研究。随后，布鲁纳（Jerome Seymour Bruner）将维果茨基的观念引入美国，建构主义在心理学领域得到了进一步的发展。心理学的建构主义者关心的是个体的认知，它所要阐述的是个体以自己的经验和客观事物进行相互作用，以自己的心理结构、信念和已有的经验对客体做出个人的解释。事物本身客观，但其意义由个体赋予。

随着信息技术的进一步发展，建构主义学习理论与信息技术的结合越来越深入。曾与皮亚杰共事的西蒙·派珀特（Seymour Papert）

将计算机思维引入建构主义理论之中，形成具备特色的建造主义（Constructionism）理论。他认为，好的教育不是如何让老师教得更好，而是如何提供充分的空间和机会让学习者去构建自己的知识体系，以此更好地提升学生的问题解决能力和创造力以应对 21 世纪信息社会的挑战。建构主义学习理论被认为是改善传统教育的一道良方，也广泛地应用在 STEM 教育实践之中，是乐高教育发展的另一块重要的理论基石。

（1）皮亚杰的双向建构主义

建构主义学习理论最初萌芽是在 20 世纪 30 年代皮亚杰关于儿童智力结构以及智力结构发生、发展的研究。早期的皮亚杰专注于研究个体认知结构的发展。他认为人是一种不断发展的有机体，这不仅表现在生物方面，而且表现在认知方面。皮亚杰认为，儿童的发展可以由图式、同化、顺应和平衡这几个概念来说明。图式是个体对周围环境和所处世界认知、理解和思考的方式，是认知结构的基本单元，如儿童的吮吸、抓握等即是最简单的图式。随着儿童能力的发展，个体的认知图式越来越多也越来越复杂化，由此形成个体的认

图 1.14　让·皮亚杰
（Jean Piaget）

知结构。当认知结构一旦形成，并不会轻易发生变化，只有当外界输入刺激和信息，认知结构才会出现变化，也就是同化和顺应。同化是指个体把外界输入的刺激或信息吸纳从而整合为自己的认知结构的一部分，也就是将未有的认知并入已有的认知结构中。顺应则是指图式在外界刺激或信息的作用下改造原有图式或形成新的图式的过程，也可以被认为是将原有错误的认知修改正确或者重构新的认知结构的过程。"同化与顺应是个体认知发展的两个彼此联系的主要过程：同化是量变的过程，它引起的是图式的生长，同化主要指个体对环境的作用；顺应是质变过程，它引起的是图

式的发展，顺应主要指环境对个体的作用"①。平衡是指同化和顺应两种机制的动态协调过程。儿童的认知结构便是在动态平衡的过程中发展。

也就是说，儿童在认知发展过程中，需要先对输入的刺激和信息进行判断。如果判定能够运用已有认知结构解决问题，这些刺激便只能带来技能上的熟练，并不会带来认知结构的变化。如同儿童学习一支拉丁舞蹈，如果不加以其他改变，儿童的舞蹈动作只会越来越熟练、流畅，但并没有新的认知结构产生。而当输入的刺激或信息发生变化，比如音乐节奏快慢出现变化，儿童对拉丁舞的认知只会变得更加复杂，舞蹈动作更加丰富，刺激和信息服从已有的认知结构，这就是一种同化。而如果儿童发现自己的动作存在错误或者不优美的情况下，想要改变这个动作，主体需要顺从新的认知，这就是顺应。当然，如果儿童此时学习新的舞种，这也是一种顺应。同化和顺应的发生并没有时间上先后的区别，但始终处于动态的平衡之中。

在接下来的研究之中，皮亚杰还根据儿童认知结构的发展情况，将其分为感知运算、前运算、具体运算和形式运算四个阶段。这四个阶段也成为学校开展教学设置课程的重要参照。

第一，感知运动阶段（从出生—2岁左右）。此时语言还未形成，主要通过感知觉来与外界取得平衡，处理主、客观的关系。

第二，前运算阶段（2岁—7岁左右）。语言的出现与发展，使儿童能用表象、言语，以及符号来表征内心世界和外在世界。但其思维还是直觉性的、非逻辑性的，且具有明显的自我中心特征。

第三，具体运算阶段（7岁—11岁左右）。思维具有明显的符号性和逻辑性，能进行简单的逻辑推演。但在很大程度上局限于具体的事物，以及过去的经验，缺乏抽象性。

第四，形式运算阶段（11岁—15岁左右）。能够把思维的形式与内容相分离，能够设定和检验假设，监控和内省自己的思维活动，思维已

① 高文、徐斌艳、吴刚.建构主义教育研究［M］.教育科学出版社，2008：8.

经进入了抽象的逻辑思维阶段。

这一时期的皮亚杰的理论还处于结构主义的范畴，但已初见建构主义的端倪，而直到皮亚杰较为后期的著述中，方才出现对建构主义思想的全面系统的论述。他将同化、顺应的图式理论进一步发展成为包括内化与外化的双向建构理论，即动作和运算内化以形成认知结构，而业已形成的认知结构运用于、归属于客观客体已形成广义的物理知识的结构。前者为内化建构，后者为外化建构，随着建构的发展，内化与外化建构这两个过程的相互关联日益紧密，而且，它们各自制约着对方所能达到的水平。皮亚杰曾借助下列图式说明双向建构的全过程[①]。

S：主体

O：客体

$\rightleftarrows$：主客体相互作用

I：相互作用的接触区域

C：主体动作协调的中心区域

C'：可以的固有本质

P：主客体相互作用是在最远离主体中心与客体中心的边缘区域

C←P：内化建构过程或内部协调过程

P→C'：外化建构过程或外部协调过程

C←P→C'：内化建构与外化建构的双向过程

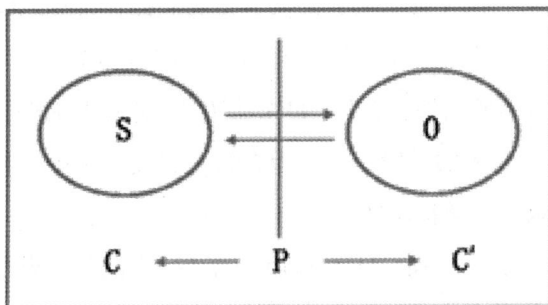

图 1.15　皮亚杰的双向建构过程

———————————

① 高文、徐斌艳、吴刚 . 建构主义教育研究［M］. 教育科学出版社，2008：8.

根据双向建构理论，皮亚杰大力提倡活动教学法。皮亚杰认为，"认识起源于活动，认识从活动开始，它发生的起点是主客体相互作用的唯一可能的连接点——活动（动作），而不是知觉。"① 儿童通过活动获得的经验，他深信，"逻辑和数学概念最初就表现为外观的活动，只有在后来阶段中，才以概念的性质出现，成为内化了的动作，事物被符号所代替，具体动作被这些符号的运算所代替，但从起源发生的角度讲，总离不开儿童自己的活动。"② 皮亚杰非常重视儿童在教学过程中的活动和动作，在他看来仅仅是口头上的学习，效果并不好。他主张创设活动的教学情境，通过唱歌、跳舞、游戏、绘画等各种各样的形式来进行教学。这一观念与杜威的"做中学"理论不谋而合。

（2）维果茨基心理发展理论

维果茨基被称为是建构主义流派的另一位奠基人，由于对社会、文化环境的重视，他的建构主义理念又被称为"社会建构主义"。维果茨基认为人的意识与心理是两种完全不同的概念。意识是指能区分人与动物的最高级心理反应形式，是高级心理机能的集合。也就是说，个体意识的发展并不单单依赖某一种高级心理机能，如感觉、知觉、记忆、思维、想象、意志等某一种因子的变化，而是更加注重这些因子之间相互联系和制约所构成的整体变化。

图 1.16　维果茨基
（Lev Vygotsky）

受马克思主义的影响，维果茨基注重实践活动对意识的促进作用。他认为人的心理过程的变化与他的实践活动过程的变化一致③。儿童通过

---

① 刘力.皮亚杰的活动教学理论及其启示［J］.外国教育资料，1992，（04）：26-30+17.
② 刘力.皮亚杰的活动教学理论及其启示［J］.外国教育资料.1994，（2）：26.
③ 维果茨基著，余震球选译.维果茨基教育论著选［M］.北京：人民教育出版社，1994：7.

与同伴、教师的共同活动，将外在心理机能，通过符号中介系统，特别是语言系统，"内化"为个体的内在心理过程。可以说，儿童的全部心理生活在交往过程中发展，其中合作的教学正是最具有计划性与系统性的交往形式。儿童现在不能独立完成的事情，往往有可能在教师与伙伴的帮助下完成，而明天就可以自己独立完成。于是，维果茨基提出了"最近发展区的概念"，强调教学的本质不在于"训练""强化"既有的心理机能，而在于激发、形成目前尚未成熟的心理机能。

当然，维果茨基还是情景化学习的提倡者，他认为学生必须在一定情景文化中获得知识的建构。这种情景不仅仅包含所学知识点的内容，还会包括社会文化、价值取向、人际交往方式等等内容。

同为建构主义流派的奠基人，维果茨基的理念与皮亚杰既有共识，但也存在区别。他们都认为学习并不是知识的单向输入，而是学习者的主动建构；活动、协作对学习者的知识的建构起到促进作用等等。也就是说，两者都认为个体的知识通过建构形成。但在建构范式上，两者又存在区别。皮亚杰更多地强调个体对新知识的创建，而维果茨基则更侧重文化和语言知识工具的发展与传播[①]。而在具体的实践过程中，常常将两者的理论融合运用。

表 1.2　皮亚杰与维果茨基知识建构观的比较

	皮亚杰	维果茨基
基本问题	新知识是如何从各种文化中创造出来的	通过某一特殊文化传递的知识的工具是怎样的
语言的作用	有助于符号思维的发展：语言不能在实质上提高智力功能的水平（该水平通过活动提高）	语言是思维、文化传递和自我调节的基本机制。它能在本质上提高智力功能的水平
社会性互动	提供了测试与验证图式的途径	社会性互动提供了获得语言、改变文化观念的途径
学习者	学习者应积极操纵对象和观念	学习者应在社会情境中积极地相互作用
对教学的启示	教学应设计打破平衡的经验	教学应提供支架，指导互动

① 高文、徐斌艳、吴刚.建构主义教育研究［M］.教育科学出版社，2008：40.

（3）派珀特的建造主义理论

派珀特是将建构主义与信息技术融合的关键人物之一，也是美国麻省理工学院媒体实验室的创始人之一，被誉为学习科学的拓荒者[①]。派珀特的建构主义思想受到曾经共事的建构主义奠基人皮亚杰的影响。派珀特与皮亚杰都认可知识是学习者的主动建构，他们的建构主义思想被认为是达成相似目标的不同方式（Similar Goals，Different Means）[②]。为将派珀特的理论与皮亚杰的建构主义（Constructivism）区分开来，派珀特的理论又被称为建造主义（Constructionism）。

图 1.17　西蒙·派珀特
（Seymour Papert）

19 世纪 60 年代，世界范围内都在进行课程与教学的改革尝试，对传统教学理论的抨击日益强烈，但却找不到更适合的大规模学校教学的新范式。虽然当时的计算机技术尚处于萌芽时期，派珀特便先驱式地认为学习与信息技术可以得到高度融合，计算机技术将与教育密不可分。

①建构论

在 20 多年的探索与研究之后，1980 年，派珀特出版《头脑风暴：儿童、计算机及充满活力的创意》（*Mindstorms：Children，Computers，and Powerful Ideas*），首次系统地阐述自己在教育和学习研究上的建构主义观点——"在制作中学习"（Learning by making）。他认为，当孩子们在制作一些对自己有意义的作品时，如制作小机器、编故事、编程序或者是编歌曲时，孩子们就处于学习的最佳状态。这种"在制作中学习"与杜威"做中学"（Learning by Doing）有异曲同工之妙，也同样是皮亚杰和维果茨基关注的重要内容。"做中学"理念除了要求学生亲手做（doing）之

① 郑旭东.学习科学人物谈之十：学习科学的拓荒者——Seymour Papert[J].软件导刊（教育技术），2009，（10）：3-5.
② 李德芳.西蒙·佩帕特的建构论思想研究［D］.华东师范大学，2011.

外，还要求为学生的"做"提供及时的反馈，以便于明白其中的因果关系。但在实际教学中的这种反馈却并不容易实现。而派珀特的建构论却能很好地弥补这一点。学生在学习过程中必须进行各种尝试，而其程序的编制或者模型的制作都能通过即时的实验得到反馈结果。特别是对于学生高级思维的培养，比如难以在现实中进行实验的科学研究，或者难以可视化的物理、化学现象，也可以通过程序或者各种模拟器来进行实验模拟，从而获得学习反馈。这其中体现的便是一种非常典型的计算机思维。在学者们还在探讨学校是否应该引进电脑、是否应该开设必修编程课程时，派珀特已经确认计算机思维是 21 世纪每个孩子都应该掌握的一种新型思维方式。而培养这种思维的最好方式便是让每个小孩都拥有自己的电脑，这就是他的 OLPC（One Laptop Per Child）理念。

派珀特的建造主义学习理论可以归属于"学会学习"的范畴，他关注的重点也更偏重于教会学生学习的方式，而不仅仅在于学习知识本身。也有学者用"授人以鱼，不如授人以渔"来形容派珀特的教育理念。派珀特认为，指导主义的教育给了学生一条鱼，只能解决一时的生活所需，但不能解决学生一辈子的生活难题；而建造主义教学生如何去捕鱼，并且还给学生配上了渔竿（如 Lego 语言就是一个很好的"渔竿"），便于学生自食其力①。对派珀特而言，让学生在学习中表现出自己内心的想法和创意是重中之重。学生通过不同的媒介，策划详细的实施步骤，从而将这些独特想法和创意转变为可感知的表演、手工作品或者项目解决方案（objects-to-think with）。在制作中学生完成相关知识的建构，而在反思和演示过程中对这一知识进行重构和巩固，再通过成果的分享和迭代进入新一轮的自我探索与学习之中。

情境化学习是派珀特关注的重点之一，这也是维果茨基所提倡的内容。派珀特也认同维果茨基对情景化学习所需要的社会文化的解释，在《头脑风暴》中，佩珀特以桑巴学校（samba schools）作为学习文化的一

---

① 郑旭东.学习科学人物谈之十：学习科学的拓荒者——Seymour Papert［J］.软件导刊（教育技术）.2009，（10）：3-5.

个例子：

这些学校不是我们所熟知的学校，它们是社会俱乐部，成员从几百到上千不等。每一个俱乐部都有自己的场所，一个跳舞和聚会的场所……桑巴学校的成员既有儿童，也有老人；既有新手，也有专家……即使学校的明星也从别人那里学习不懂的东西。[①]

但更进一步，派珀特认为，在课堂中营造学习情境（Situated）的还有另外一重意义。在这一层意义上，学习情景将学生已有的经验与即将建构的知识进行连接，并提出更高层次的任务挑战。学生的学习和实践都是围绕这一情景中任务进行，而学术性的知识结构隐藏在情境之中。在这种情景学习中，学生可以选用自己喜欢的任何形式来呈现自己对情境做出的思考和创意。毫无疑问，这种学习自由而又充满乐趣。

②Lego 语言

在乐高集团的资金支持下，麻省理工学院媒体实验室对游戏媒体教学进行了长达 21 年的研究。派珀特的 Lego 编程语言（简称 Lego 语言）便是其中最重要的研究成果之一。以此为基础，乐高集团发布"Mindstorms"系列产品，掀起新一轮的创客教育浪潮，而派珀特也因此被称为"Lego 语言之父""创造行动之父"[②]。维果茨基的心理发展理论曾提到"符号中介"对个体学习的重要意义，而 Lego 语言正是这样一种"符号中介"，对锻炼学生的思维方式起到显著的工具性意义。

派珀特在描述自己最初设计 Lego 语言的动机时曾说道："（Lego 语言）是一种适合儿童的计算机语言，但并不意味着这是一种'玩具'语言。相反，我希望其具有专业编程语言的功能，而且希望 Lego 语言具有非数学专业人员容易入门的学习路径。"Lego 语言开发的目的并不仅仅是玩乐，而是为儿童提供一条思考和解决问题的路径。Lego 语言最初的人机互动形态，是一只半圆球状海龟（Lego Turtle），通过指令儿童可以控

---

① 埃里卡·哈尔弗森、金伯利·谢里登著，陈卫东译. 教育中的创客行动［J］. 现代远程教育研究，2015，（3）：3-8.

② 埃里卡·哈尔弗森、金伯利·谢里登著，陈卫东译. 教育中的创客行动［J］. 现代远程教育研究，2015，（3）：3-8.

制这只海龟上下移动并画出相应的图形。随后，这只海龟被搬到电脑屏幕之上，成为儿童学习编程的"启蒙龟"。当然这种"图画"学习要比单纯文字指令的学习有意思得多，也更加适合激发儿童的学习兴趣，可以更容易地做到"寓教于乐"。在接下来的研发之中，Lego 语言不仅仅可以用于绘画，还能编制歌曲或进行其他益智游戏，甚至通过蓝牙运转各种机械装置、机器人。Lego 语言作为一种被设计用来从事学习的工具，其主要特征体现为模块化、延伸性、互动性以及灵活性等。Lego 语言不仅适合初学者通过编程来训练计算机思维并发展智能，还支持经验丰富的学生开展深入的探索以及高级思维、复杂项目的研习。现在，以 Lego 语言为代表的各种新兴人机交互技术已经被应用到校内诸如数学、语言、音乐、科学、物理等多个学科，也被应用到校外如创客教育、机器人教育等各大领域之中。

毫无疑问，派珀特认为技术是提升教育教学水平的推动力，但派珀特对技术的认知非常理性。他认可技术的力量，但从不夸大这种力量，从不会落入技术中心主义（Technocentric）的窠臼。

想一想某些问题就很荒谬。木头可以建造好房子吗？如果我用木头建了房子，但房子倒了，这是不是表明木头不能建造好的房子呢？用锤子和锯子可以制作好的家具吗？这些技术中心主义的问题忽视了人，也忽视了人才能创造的元素，如技能、设计和美学（skill, design and aesthetics）等的作用……实际上，大家都知道是木匠使用木头、锤子和锯子制造了房子和家具，而房子和家具质量的高低取决于木匠的工作。[①]

2. 建构主义学习理论的实践探索

建构主义认为，知识不是通过教师的传授得到，而是学习者在一定的情境即社会文化背景下，借助其他人（包括教师和学习伙伴）的帮助，利用必要的学习资料，通过意义建构的方式而获得。由于学习是在一定的情境即社会文化背景下，借助其他人的帮助即通过人际间的协作

---

① Seymour Papert. Computer Criticism vs. Technocentric Thinking In Educational Researcher.1987（16）：24.

活动而实现的意义建构过程，因此建构主义学习理论认为"情境""协作""会话"和"意义建构"是学习环境中的四大要素[①]。

（1）"情境"——学习环境中的情境必须有利于学生对所学内容的意义建构。这 就对教学设计提出了新的要求，也就是说，在建构主义学习环境下，教学设计不仅要考虑教学目标分析，还要考虑有利于学生建构意义的情境创设的问题，并把情境创设看作教学设计的最重要内容之一。

（2）"协作"——协作发生在学习过程的始终。协作对学习资料的搜集与分析、假设的提出与验证、学习成果的评价直至意义的最终建构均有重要作用。

（3）"会话"——会话是协作过程中不可缺少的环节。学习小组成员之间必须通过会话商讨如何完成规定的学习任务的计划。此外，协作学习过程也是会话过程，在此过程中，每个学习者的思维成果（智慧）为整个学习群体所共享，因此会话是达到意义建构的重要手段之一。

（4）"意义建构"——这是整个学习过程的最终目标。所要建构的意义是指：事物的性质、规律以及事物之间的内在联系。在学习过程中帮助学生建构意义就是要帮助学生对当前学习内容所反映的事物的性质、规律以及该事物与其他事物之间的内在联系达到深刻的理解。这种理解在大脑中的长期存储形式就是皮亚杰所说的"图式"，也就是关于当前所学内容的认知结构。由以上所述的"学习"的含义可知，获得知识的多少取决于学习者根据自身经验去建构有关知识的意义的能力，而不取决于学习者记忆和背诵教师讲授内容的能力。

建构主义强调的是学习的主动性、社会性和情境性[②]。第一，学习是学习者主动建构内部心理表征的过程，也就是通过新经验与原有认知结构反复的、双向的相互作用，来构建新的认知结构。学习不是信息由

---

① 艾兴.建构主义课程研究［D］.西南大学，2007.
② 陈莉丽.建构主义视角下的人教版《普通高中课程标准实验教科书·化学》分析［D］.华中师范大学，2008.

外向内的"输入"，而是在一定的环境中自内而外的"生长"。第二，建构主义认为个体的认知发展不仅是在于物理环境的相互作用中建构而来，社会性的相互作用同样重要。而协作学习（合作学习）格外重要。第三，"情境"是建构主义学习观中的重要内容。"去情境"化的传统教学过于抽象，单纯的概括化知识的传递很难刺激儿童原有的认知结构，这也是学习效率低下的主要原因之一。情境性学习的观点强调儿童"图式"的建构必须与他的真实生活联系起来，从而具备促进儿童认知结构变动的推动力。

建构主义重视以学生为中心，重视学生原有经验知识，将教学与学生的主动建构完美地结合起来，注重教学情境和合作学习，也形成诸如支架式教学、抛锚式教学和随机进入式教学等比较成熟的教学方法[1]。

（1）支架式教学（Scaffolding Learning）——来源于维果茨基最近发展区理论。强调教师并非教学过程中的主导者，而多以引导者的角色发挥作用。支架式教学既注重对学生自我建构活动的支持，也尤为强调这种支持的撤出，让学生有独立探索的时间。

搭脚手架 ➡ 进入情境 ➡ 独立探索 ➡ 协作学习 ➡ 效果评价

图 1.18　支架式教学环节

（2）抛锚式教学（Anchored Learning）——建立在真实场景以及真实事例（也就是锚）的基础之上。抛锚式教学就是将学习活动与某种有意义的大情境挂起钩来，激发学生学习的需要，让学生在真实的问题情境中进行主动的学习[2]。这也是让学生适应日常生活，学会独立解决问题的重要途径。

---

① 李崇杰. 建构主义学习理论指导下的高中化学教学实例研究［D］. 河南师范大学，2012.
② 高文、王海燕. 抛锚式教学模式［J］. 外国教育资料，1998，（3）：68.

图 1.19 抛锚式教学环节

（3）随机进入式教学——以"认识弹性理论"为依据。随机进入式教学指学生可以通过不同途径、方式进入相同教学内容的教学，在这个过程中使学习者获得对同一事物或问题的多方面认识，主要应用于结构不良问题的学习。

图 1.20 随机进入式教学环节

建构主义不仅仅为乐高教育提供理论成长的土壤，同时生长出 STEM 教育、创客教育等等不同的实践形式。在乐高课程中，学生是主动的意义建构者而不是被动的知识接受者。而每一次的乐高课堂必然致力于帮助学生完成某一知识的建构或重构。而这一知识点来源于学校的正式教育体系之中。这也确保乐高教育不仅仅是游离于正式教育之外的课余培训——乐高课堂能够进入学校正式教育之中，并发挥出传统课堂不具备的吸引力。

（三）其他学习理论

1. 多元智能理论

多元智能（Multiple-Intelligences）是在 1983 年由哈佛大学任职心理学教授加德纳（Howard Gardner）博士基于对人类潜能的大量实验研究、针对传统智能一元论提出，并在随后的研究中进行完善。1993 年，加德纳对智能重新界定为"在一种文化环境中个体处理信息的生理和心理潜能，这种潜能可以被文化环境激活以解决实际问题和创造文化所珍视的产品"[1]。加德纳提出每个人至少有八项智能[2]。

（1）言语—语言智能（Linguistic intelligence），包括用语词思维、用语言表达及洞察复杂内涵的能力。

（2）逻辑—数理智能（Logical-mathematical intelligence），是指计算、量化、思考命题和假设及进行复杂的数学运算的能力。

（3）视觉—空间智能（Spatial intelligence），是指人们以三维的方式进行思维的能力，能够帮助人们感知外部和内部的形象，能够再造、转换和改变表象，能够使自己和物体驰骋于一定的空间，并能够构建和解释图形信息。

（4）身体—动觉智能（Bodily-kinesthetic intelligence），是指人们操作物体和精准调整自己身体动作的能力。

（5）音乐—节奏智能（Musical intelligence），在那些对音调、旋律和音色具有敏感性的人身上表现显著。

（6）人际交往智能（Interpersonal intelligence），是指能够有效地理解他人并有效地与他人交往的能力。

（7）自知自省智能（Intrapersonal intelligence），是指人们建构准确的自我感知以及应用这种知识规划和指导自己生活的能力。

（8）自然观察智能（Naturalist intelligence），包括观察自然界中的各种形态，对物体进行识别和分类以及认识自然系统和人造系统的能力。

加德纳也指出，人类智能并不限于上述类型。在其 1999 年出版的《智能的重构》（*Intelligence Reframed*）一书中，加德纳还总结出其他几类智能。加德纳认为，既然每一种智能都呈现出独特的发展顺序，在人生的不同阶段显现出来并得到发展，这八种智能以相对独立的形式存在，但也不是毫无关系，而是有机地以不同方式不同程度地组合在一起，以独特的方式共同发挥着作用。每个人因为原来的生物潜能和后天不同

---

① 陈小君.教育游戏的学习环境研究［D］.华东师范大学，2007.

② Linda Campbell，Bruce Campbell，Dee Dickinson 著，霍力岩、莎莉等译.多元智能——教与学的策略［M］.北京·中国轻工业出版社，2015（1）：2-3.

的智能发展拥有不同的智能特征，即便是同一智力，其表现形式也不相同。每个个体的这八种智能都可以培养和发展，只要通过特定的环境和适当的鼓励、教育，每个人都可以将这八种智能中的其中几种发展到较高水平。

乐高教育在实践教学中根据学生学习的特点，将这八种智能进行综合，着重培养学生的身体能力（平衡、移动、空间认知）、认知能力（解决问题、变通思维、制定有效策略、记忆信息、遵守规则）、情感能力（自我信念、自信、自我控制、反思、毅力、理解、表达和调节情绪）、社交能力（协作、沟通、理解观点、协商规则、处理矛盾、培养同情心）以及创造能力（创新思维、想象力、表述能力、转换思路、联想能力、使用符号）。并根据这五大分类，针对性地设计适合不同年龄阶段的STEM 教育解决方案。

图 1.21　乐高教育 K—12 阶段学生能力模型

2. 探究学习

探究学习（Inquiry Learning）是 20 世纪 60 年代，由施瓦布（Joseph J. Schwab）提出的教育学术语。探究学习也被认为是杜威"做中学"中包含的反省性思维发展五个步骤（①疑难境地；②问题识别；③大胆假设；④严谨推理；⑤细心求证）的总结升华。探究学习基于皮亚杰和维果茨基所代表的建构主义理论，认为探究是持续人一生的、人类基本的知识建构方式，是人的一种基本存在方式。而探究学习是指学生围绕一定的问题、文本或材料，在教师的帮助和支持下，自主寻求或自主建构答案、意义、信息或理解的活动或过程[①]。探究学习是一种让学生自己去探索问题和兴趣的学习和教学方法，其主要途径有：①提出有意义的问题；②计划并执行调查型策略；③从不同的源头收集信息；④以具有生成性的展示方式讨论信息；⑤反思自己的学习。

图 1.22　探究学习的步骤

探究学习作为一种学习方法并不仅仅限于数学、科学等课程，还被广泛运用于语文、历史等其他课程中。探究学习普遍具有以下特征[②]：

（1）情境性

探究学习的情境性，指的是引发探究学习的背景和环境。不论是正式学习环境下的探究学习，还是培训机构等组织的非正式环境下的探究学习，其发起都要在一定的时间和空间背景之下，都应当提供特定的条件和线索。探究学习的情境应该是真实情境，或者模拟真实情境。只有这样，才能激发学生的探究热情，从而积极主动地投入其中，提出问

① 任长松.探究式学习——学生知识的自主建构［M］.北京·教育科学出版社，2005（1）：22.
② 徐光涛.科学探究学习中技术使能的作用空间与效果研究［D］.华东师范大学，2016.

题，开展调查研究。比如，要研究环保问题，就需要提供涉及环保的具体问题情境，比如是大气污染还是河流污染。情境也需要尽量选择学生能够带入的现实问题，过于陌生的问题或会降低学生探究的积极性。

（2）问题性

明确的问题是探究学习的起点。探究的问题是针对探究情境中的具体事务引出，也是引导后续调查研究的主要线索。问题难度的设置必须充分考虑学生已有的知识水平，处于学生"跳一跳"就能处理的能力范围内。难度太高不仅不能让学生投入其中，反而容易引发挫败感。就科学教育中的探究学习而言，就像大多数科学家在探究过程中所面临的问题一样，既探索"Why"，如为什么河里的鱼会死，也追求"How"，也就是如何解决这个问题。

（3）自主性

不同于以知识传授为目的的教授讲授方式，在探究学习过程中，学生需要具备很强的自主性。这种自主性体现在问题提出的自主性，探究方案制定的自主性，探究活动开展的自主性，以及学生对探究学习开展情况的自我评价和反思上的自主性。当然，最为关键的还是学生在这些过程中的自主知识建构。自主性也被认为是探究学习的核心[1]，如果不能保证这种自主性，也就不成其为探究学习。

（4）协作性

面对越来越复杂，越来越"大体积"的科学探究问题，其研究与探讨肯定需要团队合作。而协作与沟通便成为团队运转的润滑剂。独木不成林，学会合作才是善于探究的科学家的优良品质。维果茨基的社会建构主义认为，个体在社会文化背景下与他人互动，从而主动建构自己的认知结构[2]。在探究过程中，学生主体之间通过协商对话对小组合作完成调查、数据分析、报告撰写、成果分享等探究活动，体现的就是探究学习的协作特点。要在探究学习中开展协作活动，就需要引导学生组建探

---

① 徐学福.探究学习教学策略［M］.北京·北京师范大学出版社，2010：2-5.
② 王文静.社会建构主义研究［J］.全球教育展望，2001，（10）：15-19.

究共同体，共同体成员通过实质的协商、对话和合作，互相质疑、共同反思，探究问题和探究目标得以明确，行动路径更加清晰、一致。

（5）建构性

探究学习的建构性，由知识的建构性本质所决定。学习本质上是知识的主动建构过程，是意义的生成过程[①]。在探究学习中，学生不是被动、消极的知识接受者，而是主动、积极的知识建构者。在探究的过程中，学生形成对自然界、对社会的独特认识。

探究学习的五个特征是互相联系的整体，也构成开展探究学习的基本要求。在实践过程中也形成了如"5E"学习模式、学习环（The Learning Cycle）等等。乐高教育在开展的过程中，完全符合这五项要求，属于典型的探究学习。乐高教育注重与学生现有的经验联系，从而展开自主探究的学习活动，通过小组协作，完成知识建构。探究学习的开展对教师的课堂管理能力、专业水平都提出非常高的要求，乐高教育 4Cs 学习模式能够帮助教师尽快地达到这些要求，顺利地开展探究式教学。

3. *游戏学习*

维果茨基认为，游戏是一种创造思维的行为，能发展儿童的抽象思维能力。儿童接触的是一个"充满想象和幻想的世界，在这个世界里，现实生活中难以实现的愿望能够得以实现"[②]。游戏是儿童认识世界的途径之一，是他们学习新的复杂客体和事件的方法，也被用来巩固和扩大概念和技能，力求使思维和行动相契合。游戏重要的特点就是兴趣性，而兴趣是儿童学习的动力，它可以激发求知欲，调动积极性，使儿童自觉自愿地学习。在游戏中，儿童按自己的兴趣和能力积极主动地进行活动，是自然而巧妙的学习，而且孩子不会感到有压力。在轻松愉快、饶有兴趣的条件下，能达到最好的学习效果。[③] 除此之外，游戏还有内在驱

---

① 任长松.探究式学习——学生知识的自主建构［M］.北京·教育科学出版社，2005（1）：171.
② 马娟.基于情境学习理论的儿童教育游戏设计与实现［D］.华东师范大学，2013.
③ 林崇德.中国优生优育优教百科全书·优教卷［M］.广州·广东教育出版社.2000：334.

动性、自由选择性、娱乐性、非文字性以及积极参与性等特征[①]。当然，游戏的这些特性也有很大的可能让学生沉迷其中，若放任自流，很可能造成不良后果。

因而，当游戏与教育相结合，演变成一种新的学习方式——游戏学习（Learning through Paly）时，游戏的独特之处也需要更加理性地对待，既不能视而不见，也不能矫枉过正。这也就是说，游戏学习并不是教育游戏性的简单体现，而是利用游戏的优势，将学习内容和学习活动有效地依附于游戏情节之中，从而设计以游戏活动为中心的学习环境[②]。游戏设计和开发技术可以模拟现实社会生活的诸多方面，如社会自然规律、现实生活场景等，让学生在虚拟的现实环境中参与交互，充分感知与体验，甚至可以模拟各种实验场景，让学生在游戏中控制、改变其中的变量，观察到实验结果的变化。游戏学习具备挑战性、趣味性、交互性和体验性等特点[③]。

（1）挑战性

挑战是游戏和学习共同的属性。游戏学习中的挑战意味着对旧知识结构的冲击。这种冲击也必然会带来知识同化或顺应，也是每次游戏学习要完成的首要目标。正如同维果茨基的"最近发展区"理论，这种过关式的挑战需要设定在适合的范围内，过易则无法激发学生的内在驱动力，过难则会出现畏难情绪。当然，在一般的游戏学习中，难度会呈现梯度分布，以长时间维持学生学习时的热情与注意力。

（2）趣味性

趣味性是游戏的本质属性。爱因斯坦说过"兴趣是最好的老师"。游戏学习摒弃任何形式的说教，充分利用学生感兴趣的情境切入，激发学生的学习驱动力。在这种学习环境中，学生总是乐于挑战，对知识表现出悦纳的态度而非抗拒。这种乐趣促进学生调动一切智力或非智力的因素，探

---

① 马娟.基于情境学习理论的儿童教育游戏设计与实现［D］.华东师范大学，2013.
② 苏丹丹.游戏化探究学习过程中学习者的学习行为研究［D］.河南大学，2011.
③ 陈小君.教育游戏的学习环境研究［D］.华东师范大学，2007.

究问题所在，获得自信与成就的体验。这也是乐高教育的 5Fs 原则之一。

（3）交互性

游戏学习的交互性，首先体现在课堂中学生与教师、同学的交互性。根据维果茨基的社会文化理论，学生通过与教师、学生的交互活动习得对社会的认知。在游戏学习中，学生从教师那里获得学习支持和及时的学习反馈，并与同学共同协作完成任务。

游戏学习常常需要依托一定的游戏工具（包括网络游戏工具和实体游戏工具），所以，游戏学习的交互不仅仅指学习中"人—人"之间的交互（学生—老师，学生—学生），还包括"人—机"（学生与游戏工具）之间的交互。也就是说，学生的活动能够获得的结果验证。例如在乐高机器人课堂中，学生通过传感器操纵机器人，验证其是否能够完成预定的程序，从而获得结果反馈。若未完成，便需要及时锚定未达成目标的靶因从而进行改进，并反复进行验证。研发出 Lego 语言的 MIT 媒体实验室便是其中的代表性组织，致力于研发更好交互体验的游戏学习工具。乐高便是其中非常优秀的游戏工具，难能可贵的是，乐高教育为使用这些器具配备了完整的教育解决方案。

（4）体验性

在游戏学习的过程中，学生的兴趣被激发，感受不到学习的压力，在愉快的氛围中与同学一起完成知识的建构。游戏的学习能够快速促进学生进入最佳的畅流体验状态[1]。这种状态也被称为畅流走廊，是获得最佳学习效果的一种状态。当然，这也是乐高教育的 5Fs 原则之一。

三、5Fs 教学设计原则

We make teachers succeed！

——乐高教育培训师指南·乐高教育学院专业学习项目

---

[1] 万力勇、赵鸣、赵呈领. 从体验性游戏学习模型的视角看教育数字游戏设计［J］. 中国电化教育，2016，（6）：5-8.

　　这是乐高教育教师培训指南的封底文字，表达出乐高教育师训的终极目标。自 1890 年创立以来，乐高教育以"做中学"学习理念为中心，积极地研究、探索适合儿童发展的教育教学规律，着力建构属于自己的教学理论框架。而乐高教育解决方案的特别之处也正是来源于它对全球各个国家真实"做中学"实践教学案例的潜心总结与深入分析，从而提升乐高教育解决方案的实用性与迁移性。在乐高的"做中学"课堂中，学生常常获得快乐、成就、自信的情绪体验，也能感受到沟通、协作、分享、探索与创新的魅力。在课堂中，儿童提升自己在解决问题、创造创新、团队建设、沟通和批判性思维等等方面的知识与能力，从而能够以更好的姿态面对 21 世纪的挑战。而为达到这些目标，乐高教育总结出乐高课堂教学设计的五个关键属性——引导、乐趣、畅流、知识和 4Cs 学习模式。这五个要点构成乐高教育的 5Fs 教学设计原则。

图 1.23　乐高教育 5Fs 教学设计原则

（一）乐趣（Fun）

　　富于乐趣的活动之于儿童，如同蜂蜜之于蜜蜂，阳光之于花草——充满着不可描述的吸引力，也带来无限的能量与快乐。乐趣也正是乐高课堂的起点，并从始至终贯穿在乐高课堂所有的环节当中。"儿童有兴趣的活动是最理想的课程"，杜威认为只有这样的课程才契合儿童的天性[①]，

――――――――――

① 杜威著，姜文闵译.我们怎样思维·经验与教育［M］.北京·人民教育出版社，2005：10.

也才能让学生学得"主动",这也是他提倡"做中学"的立足点之一。而让学生感兴趣的课程往往都可以呈现出充满乐趣的课堂。

无论是孩童,还是成人,当其行为是由内在需求产生,比如兴趣、好奇心、自我挑战等等,这样的动力系统可以称为内部动机(intrinsic motivation),这些动机往往不在乎外界所赋予的各种好处。而外部动机(extrinsic motivation)则是指个体的行为是由外部环境中的诱因或者与任务相关联的奖惩激发而来[1]。具备高水平内在动机的个体对问题或任务具有更强的兴趣和积极的态度,愿意付出更多的认知努力,并且能够从中体验到快乐[2]。在众多研究中,个体的内、外动机水平还常常与创造力相关。结果显示,高内在动机能够提升个体的创造力,而高外部动机却不利于此[3]。需要注意的是,内、外动机并不会固定不变。外部动机在一定条件下可以内化,而内部动机如果长期得不到重视,则可能消退。在儿童学习的过程中,初学者常常对某些知识或行为缺乏内在兴趣,教师通常需要利用外部刺激给予强化,而后逐渐培养个体对活动本身的兴趣和对行为的控制力,最终通过内部力量操纵行为,完成动机的内化过程。

处于 K—12 教育阶段的儿童与已经有很强的自我控制力的成人不同,他们需要更高强度兴趣和动力刺激,才能积极参与到学习中。乐高教育认为,学习应该是由个人参与活动的内在愿望与学习兴趣推动的个人努力,而非任何外在压力。而师训中乐趣的激发与保持也具有举足轻重的作用——乐高教育认为,只有教师亲身体验到了乐高课堂带来的乐趣,才能在自己设计的课堂中为学生带来快乐和享受,从而发挥乐高教具的真正价值。

1. 兴趣与好奇心——创造力的起点

2013 年 的 乐 高 集 团 责 任 报 告(LEGO Group Responsibility Report

---

① 董晔 . 内外动机对初二学生科学创造能力的影响 [D]. 山西师范大学,2010(3).

② Cacioppo J.T, Prtty R.E., Feinstein J.A.& Jarvis W.B.G(1996),Dispositional difference in cognitive motivation:the life and times of individuals varying in need for cognition. Psychology Bulletin,119:197–253.

③ 杨柳 . 初一年级学生内外动机与创造性关系的实验研究 [D]. 西南师范大学,2002(5).

2013）中提到，98% 的孩子在 3 岁的时候都是创意天才，而在 25 岁的时候，只有不足 2% 的人仍然保留着这些创造力。创造力是难能可贵的能力，但这种天马行空能力也很容易被一味的模仿和其它种种原因消磨。如同美国著名教育家、普林斯顿高等研究院首任院长佛莱克斯（Abraham Flexner）于 1939 年发表的经典文章《论知识的有用性》中所言："纵观整个科学史，绝大多数最终证明对人类有益的真正伟大发现都源于这样一类科学家：他们不被追求实用的欲望所驱动，满足自己的好奇心是他们唯一的渴望"①。兴趣和好奇心如同种子，经过细心灌溉方能开花结果。因而乐高课堂第一个原则便是激发学生学习的兴趣，乐高课堂也是实质意义上的基于兴趣的课堂。学生觉得有兴趣，并随之积极地学习、探索，问题的解决会使其获得更多的兴趣——这是乐高课堂追求的一个良性循环。在乐高课堂之初的联系环节，教师需要通过一个有趣而与学生既往经验相关的情境来导入课堂，这个故事的目的便是激发学生的学习兴趣。而在课堂的整个过程之中，无论教师和学生都常常面带笑容（Happy Faces），快乐是主要的情绪基调，这就是活动进行和持续的润滑剂。反之，如果课堂中的活动都是教师强加给学生的操作步骤，学生没有学习的兴趣和意愿，那么，即使使用再好的教具，其效果也与传统课堂无异。

兴趣是最好的老师！而在 2013 年一项覆盖 5000 名教师的调查中，学生学习动力被列为教师第一大挑战，其次是学生对学习的态度、学生上课分心以及学生的课堂行为②。如何激发并保持学生的兴趣？这个问题并不容易回答。但毫无疑问，站在学生的角度进行教学设计是出发点。乐高教育建议教师教学设计成形之初，以学生的视角想象模拟课堂中的情境，以此来发现设计中的问题与不足。

2. 自我挑战——成就与自信

兴趣和好奇心是乐高课堂良好的开端，但要形成学习内在动机，还

① 梁森山. 中国创客教育蓝皮书（基础教育版）[M]. 北京·人民邮电出版社，2016（1）.
② 霍恩（Horn, M.B）、斯泰克（Staker, H.）著，聂风华、徐铁英译. 混合式学习：用颠覆式创新推动教育革命 [M]. 北京·机械工业出版社，2017（1）：133-134.

需要学生设置自我挑战的任务。西蒙·派珀特有这样一段话：

"自我挑战的乐趣是严肃、天马行空、开放式的，是实践上的也是思维上的，而且更多的时候是为了达成一个自定的目标。在所有情况下，乐趣背后的价值便在于有机会从事好玩的活动，这些活动有趣，又能促进自主学习和创造性思维的转换。"①

这种自我挑战的乐趣被派珀特认为是一种"Hard Fun"。而皮亚杰认为，每一次新知识的获得，都不仅仅是发现，更是发明。在这中间，成功的体验比成功本身更加重要。这种体验是一种成就的体验，有力地促进儿童自信人格的形成与发展。

3. 游戏学习——实现路径

乐趣，是被广泛认可的能够调动教师和学生学习积极性的因素之一，也是乐高教育中教与学的特性之一。在游戏、玩耍之中激发学生主动学习的愿望，并付诸行动，从而完成对应知识的建构，对自身能力的提升，这便是有意义的游戏学习（Playful Learning）。

在儿童的日常生活之中，游戏非常重要。全球著名儿童心理学家 Dorothy Singer 提出，儿童参与游戏是培养人类智慧发展、社会技能、创新思考的重要途径。而 MIT 媒体实验室的 Mitch Resnick 教授发现，游戏和学习之间存在紧密的相关性。有趣和好玩是人类练习新技能和尝试新角色的自然方式，也可以在学习过程中发挥作用，从而创造出有效的学习经验。简而言之，如果学生觉得有趣，就会更加投入地学习；而如果他们觉得无聊或者无趣，便很难把注意力放在学习内容之上。游戏式的学习在儿童的生活中也非常常见，比如通过踢足球不仅帮助学生锻炼强健的体魄，还能让学生学习足球知识、足球技巧，还有勇气、团队合作等等。游戏与游戏学习的不同之处在于后者往往有着明确的学习目标，游戏只是达成这一目标的手段。

---

① LEGO® Education 乐高® 教育 2017 年 K—12 教育解决方案［DB/OL］. http://LEGOEducation.cn/downloads，2017-12-14.

4. 乐趣课堂小技巧（Tips）

有乐趣的游戏式学习，是乐高课堂区别于传统课堂的一大优势。如何在乐高课堂中保持乐趣的基调，乐高教师们总结出以下经验。

（1）确保"联系"环节的有趣性和相关性

对以前没有使用乐高教育资源的教师而言，这个环节非常重要。"联系"是乐高4Cs学习过程的先导环节，也是起到"破冰"和"FOCUS"（聚焦）环节。激发学生的好奇心，从个人和发展的角度，采用学生理解并绝对有趣的主题、内容呈现方式或者材料来抓住学生的注意力。这种乐趣不仅仅是在内容的选择上，也可以从内容的呈现方面入手。

（2）给学生更多的时间动手操作和实验

在乐高课堂中，要求老师在10分钟内，必须让学生开始动手操作或实验。在这个操作过程中，学生需要保证充分的独立和自主，教师不需要做过多的干预。这对于习惯传统课堂的学生而言是一项挑战，教师需要具备足够的耐心。即使时间紧凑，也不能削减这部分的内容。

（3）让"试误"成为学习过程的重要内容

乐高课堂中，学生的学习目标是找出一种方案来解决问题。在这个过程中，学生可能不会一次尝试就能找出合适的解决路径，这就需要多次尝试——验证出一种方案的错误本身也是一个成功。当然失败的方案对学生的兴趣的打击最为明显，教师需要注意引导"试误"对成功的意义——科学家的伟大发明也有"试误"的过程，比如灯泡的发明，"试误"了上千次。

（4）提供适当的竞争性元素，并及时总结和分享

良性的竞争可以放大学生在课堂中的成就感，提高学生自信的体验。乐高课堂需要这种良性的竞争。在作品完成后给予及时的总结，让学生认识到这是在游戏中学习，而并不是单纯的玩乐。

（5）激励式的语言指导

激励式的教学语言，是营造活泼、愉悦、和谐的课堂气氛，提高学生学习积极性的神奇魔杖。当然，这种激励必须有足够的理由，是对学

生良好行为或者想法的一种积极反馈，而不能是泛化的空洞之言。太过频繁和无意义的夸奖甚至会起到反效果。

（二）畅流（Flow）

People are happy not because of what they do，but because of how they do it.

——Csikszentmihalyi，M.

"畅流理论"（Flow Theory）是积极心理学家米哈里（Mihaly Csikszentmihalyi）提出的一种心理学理论，国内也译为"心流理论"[①]或"沉浸理论"[②]"流畅感理论"[③④] 等。"畅流理论"认为畅流（Flow）可以提高人们的幸福感，使人们更有效地工作，增强人们的学习动机，让生活更有乐趣和意义。这一理论已被广泛运用于音乐、舞蹈、体育、IT、教育等行业，在开发游戏软件，提升工作效率方面有明显的实践效果[⑤]。乐高教育在不断的实践与探索中进一步验证了"畅流走廊"在提升学生创造力中的良好效果。畅流理论也被采用为乐高教育教学方法的关键原则之一。

1. 畅流状态

米哈里发现，在自身领域有杰出成就的人往往会全神贯注地投入他们的工作或活动中，时常感觉不到时间的流逝，还对身边发生的情况缺少知觉，不易被打扰到。总结多年的研究，米哈里发表著作 *Flow：The Psychology of Optimal Experience*，认为畅流体验是最佳体验的一种，"最有价值的幸福是当人们投身此时此刻的活动，在技能性地从事自己觉得有意义的事情""这是人们在从事某一活动过程中那种完全投入时的状

---

① 蒋文丹.高校体育教育中的一个新视角：心流理论［D］.清华大学，2010.
② 隋志华.基于 flow 理论的教育游戏活动难度的动态设计研究［D］.陕西师范大学，2010.
③ 徐晓燕.流畅体验研究综述［J］.中国西部科技（学术），2007，（10）：54-56.
④ 曹新美、刘翔平、蒋曦宁、王铮芳.积极心理学中流畅感理论评介［J］.赣南师范学院学报，2007（04）：25-29.
⑤ 蒋文丹.高校体育教育中的一个新视角：心流理论［D］.清华大学，2010.

态，此时此刻好像全世界任何其他的事情都不重要了……"① 这其实表达的是一种忘我的状态，就像一位舞蹈家所言：

"跳舞时，我的身体不知不觉地与音乐融为一体。一开始时我对身边的事物有所知觉，容易受到干扰，但是一旦进入状态中，跳舞时我可以完全融入音乐中，那是我表达的方式，很难用语言来说明，因为它是由心而发的感觉，我的舞蹈步法是不知不觉地跳出节奏，我不用刻意地去想下一步怎么跳。"②

这种状态不止依靠身体的动作，更需要舞蹈家思维的投入。而往往在这种状态下个体会不自觉地感受到愉快和幸福，处于这种状态下的人们会获得极好的学习效果。对大部分人而言，这种状态可遇不可求，像是无法抓住的一种顿悟。哈林里总结出九种要素表示出人们正沉浸于这种难能可贵的状态中③：

（1）活动与意识融合（Action and awareness are merged）：不仅仅需要身体的动作，更需要意识的投入。

（2）注意力高度集中（Intense concentration and focusing）：注意力高度集中在正在从事的活动当中，不会因为其他的事情而分心。

（3）自我暂时性消失（自我意识丧失）（Self-consciousness disappears）：对身体的感知消失，体验不到焦虑、疲劳和饥饿。

（4）高度控制感（Personal control over the situation or activity）：能够控制或擅长应对当前的情境或活动。

（5）感受到活动的精确反馈（精确的回馈）（Immediate feedback to one's action）：能够接收到活动中的及时反馈。

（6）发自内心地参与活动（自含目的性）（The activity becomes Autotelic-Intrinsic motivation）：从内心愿意参加这项活动。

---

① Csikszentmihalyi, M. Flow: The Psychology of Optimal Experience [M]. New York: Harper Perennial.2008: 4.

② Csikszentmihalyi, M. Beyond Boredom and Anxiety: Experience Flow in Work and play [M]. San Francisco: Josey-Bass.1975: 105.

③ 蒋文丹. 高校体育教育中的一个新视角：心流理论 [D]. 清华大学，2010.

（7）技能与挑战的平衡（Balance between challenges and skills）：活动所需的技能与活动的难度处于平衡状态。

（8）明确的活动目标（Clear Goals）：非常清晰的活动目标。

（9）时间感扭曲（The sense of time becomes distorted）：一种特别的时间感，因为高度专注而忽视时间的流逝。

这九个要素是畅流状态的主要表现，也被认为是形成畅流状态的主要路径。其中，技能与挑战的平衡被认为是获得畅流状态的关键性因素，最能反映个体的体验状态，也被认为是畅流状态的核心。

2. 畅流走廊

米哈里认为，挑战太高或者太低都会削减畅流的体验。对学习者的学习而言也是如此。只有当个体的技能水平与任务的挑战难度相平衡时，个体才能够体验到畅流状态，这种状态如图中的蓝色区域，也就是"畅流走廊"（Flow Corridor）。这种状态也称为沉浸区域、高峰体验或最佳状态。从图中可以看到，以技能水平为横轴，以活动挑战难度为纵轴，二者平衡的区域形成"畅流走廊"。

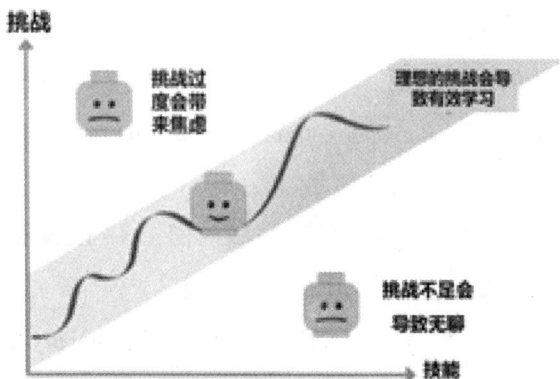

图 1.24 "畅流走廊"示意图

首先，在畅流状态下，技能水平与挑战难度之间呈现出动态上升的相互关系，也就是说，随着学生技能水平的提升，为其提供的任务挑战难度应该相应提升，以保持这种畅流的状态长时间存在，如同图中向上的波浪状线条。其内部的动力结构便如下图所示：

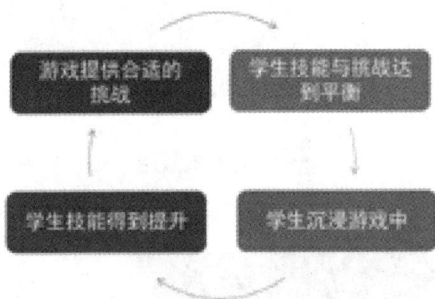

图 1.25 "挑战—技能"的动态平衡关系

其次，畅流状态中的技能水平与活动难度的平衡并不是一个精确的点，也无法测算出具体常值系数。二者如正在拔河的两方，不断地相互较量和竞争。在绳子中心超出安全区域前都是畅流走廊的区域，而一旦超出，就意味着这种平衡被打破，畅流状态也就不复存在。

这种失衡有两种情况：

（1）当个体的技能水平过度高于活动挑战的难度，学习者不会感到乐趣，学习内在动机无法激发，学习者会因为挑战不足而感到无聊或者厌倦。

（2）当个体的技能水平过度低于活动挑战的难度，学习者会接收到过度刺激，判定当前活动属于自身极难完成或无法完成的情况，导致过度焦虑并逃避挑战。

畅流走廊的观点与维果茨基（Lev Vygotsky）的"最近发展区"理论存在极大的相似性。维果茨基将儿童认知的发展分成实际学习水平（real level of development）以及潜在学习水平（potential level of development），前者指儿童已经掌握的知识及技能水平，后者则是儿童逐渐能够独立掌握的知识及技能水平。这两个层次的交集部分，维果茨基称之为"最近发展区"（zone of proximal development，简称ZPD）。他指出"我们至少应该确定儿童发展的两种水平，如果不了解这两种水平，我们将不可能在每一个具体的情况下，在儿童发展进程与他受教学可能性之间找到正确的关系"。①

图 1.26　维果茨基的最近发展区理论模型

"最近发展区"表达出当技能水平略低于活动难度的情况，强调的教学的本质并不是"训练""强化"学习者已有的技能水平，而是应该在此基础上营造稍高难度的新任务，着力于激发、形成更高水平的新技能。

而无论是畅流走廊还是最近发展区，都意在探索挑战与技能的平衡方式，从而激发学生的内在动机，提高学习效率。

3. 畅流课堂小技巧（Tips）

为引导学生尽快地进入畅流走廊之中，乐高课堂总结既往实践经验，提出以下几点建议：

（1）清晰的目标

课堂开始前的详细准备非常必要。学生、教具、教学内容都是教师在课前必须做好的功课。

①了解学生已有的知识，才能有的放矢地制定清晰的挑战目标，这种目标难度会比较高（总目标），将这个目标用有趣、可行性的语言描述出来，并适当地分解为若干里程碑式的小目标，让学生清楚自己需要做什么并相信自己可以做到。

②提前准备好教具和配套用的材料（如电池、评价表等），乐高教具

---

① 余震球选译.维果茨基教育论著选［M］.北京·人民教育出版社，1994：400-401.

一般包含多个零件，课前需要清点分配好这些教具。这些准备都是为了避免因为零件或材料的缺失而导致畅流走廊的中断。

③对教学内容的掌握是乐高教师的基本要求，而因为乐高课堂的开放性和创造性，乐高课堂往往有更多的不确定性。因此，乐高教师必须清晰了解活动任务的各个方面，随时应对学生新的挑战需求。另一方面，只有熟练掌握教学内容，教师才能更加自信地进行及时引导，这种从容自信的情绪能够通过教师的言谈举止传达给学生。

（2）开放式的挑战：低门槛与多方案

开放式的挑战是指容易开始但却越来越难的挑战活动。在比较复杂的如管道探测机器人活动中，学生会先接触一个地平面直线探测的低门槛任务，随后拓展到环形管道或曲折管道探测任务。这意味着每个人都有能力在开始的时候就体验成功。需要注意的是，这个门槛是低门槛，但并非无门槛。同时，这种挑战并不会有明确而精准的答案，而会存在多个不同的解决方案。比如乐高课堂中经典的"小黄鸭"搭建活动，每个学生都可以搭建出属于自己的小黄鸭"模型"。鼓励学生进行自己的"发明"，能让学生更快进入"畅流走廊"。

（3）及时的反馈与引导

不同的学生对同样的学习内容掌握的进度会存在不一致的情况。这就需要教师认真观察每个或者每组学生的进展。当他们因为技能水平不足而掉出畅流走廊时，及时给予必要的帮助；在学生提前完成最终任务时，可以安排事先准备好的更高难度的延伸性任务。注意，这种反馈和引导并不适合已经沉浸畅流走廊中的学生。当你判断学生正处于畅流状态之中时尽量不要干预，留给学生足够的时间自行完成是更好的选择。

（三）引导（Facilitation）

引导的英文原词是"Facilitation"，有催化、协助、促动、建导等释义。在旧版的乐高培训指导手册上采用"协助"这一词汇，但在2017年的版本中，"Facilitation"被重新表述为"引导"这一更贴合的教育学概念。最初的"引导"被认为是一种与传统课程完全不同的新课程形式，仅仅被用在革新之后的课堂。如今，即使是在传统的知识传授课堂中，教师们也越来越多采用这种教学手段。在乐高课堂中，引导有两层含义：一是教师和学生角色的转变，教师不再是课堂的中心，这也使乐高课堂从教学的课堂转变为学习的课堂；二是指乐高教师们将更多地采用结构化引导技术。

1. 引导师与探究者

在乐高课堂中，教师并不会积极参与到学生的学习活动中去。大部分的活动都需要学生通过自主学习和探究学习的方式完成。教师只是活动的引导者、学生知识建构的促进者，以及团队的协调者。这并不意味着教师放弃自身的主动性，仅仅起到信息的传播作用，而是要引导学生发现问题、提出问题并解决问题。在 K—12 教育阶段，大部分学生的自制力尚在形成当中，游戏式的教具很容易让学生沉迷玩耍，而忽视原本需要解决的问题。这就需要教师进行及时的引导，使学生明确任务目标。

乐高活动开展的过程中，教师要仔细观察每个学生的学习进展和兴趣发展，掌握每个学生的情况，协助学生更长时间地处于"畅流"状态，同时在学生一筹莫展之时给予必要的点拨，避免让学生长时间处于失败的低落状态。教师需要促使学生将当前所学内容与学生已知事物相联系，帮助学生建构当前所学知识的图式和意义。

教师身份的转变也意味着学生角色的转变。学生是知识建构的主体，是主动学习的探究者与实践者，而不再是被动的接受者。学生寻找解决方案的过程可能是一次又一次的连续试误的过程。在这个过程中，学生通过收集资料、提出假设、动手实践、验证假设，最终完成知识的建构。而在新开展的乐高课堂中，学生可能会不适应这种复杂的情况，这就需要教师耐心地进行引导，放慢学习的节奏，让学生走好自主学习的第一步。

2. 结构化引导——有"心机"的引导

乐高课堂推行结构化以及启发性的引导技术，认为必须在鼓励学生自主独立学习的前提下给予协助。其中，最关键的一点便是控制引导的频率，保留学生思考和试误的时间。

①明确目标与标准

在课程开始，教师应该为学生提供明确的学习目标，问题解决方案完成的时间限制以及技术性标准。这个标准在关键性环节必须清晰，而又具备一定的容错性。

在乐高课程实践中发现，如果教师预定的任务目标难度太高，学生无法在预定的时间内完成。因而，教师在引导时会跳过关键步骤，直接告知学生最终的可能性解决方案。当学生询问"为什么"时，也不能给出合理的解释。这种方式不仅不能帮助学生完成知识的建构，也会限制学生创造力的发展。

②驱动过程

在学习过程中，教师的任务是推动学习过程向前发展。教师必须引导学习过程，确保学习条件允许所有学生体验到一种畅流的状态。尽量为学生留出思考和试误的时间，并及时捕捉学生某次失误的时间点，引导学生反思失误的可能原因并重新建构解决方案，让学生体会到失败中的因果联系能够帮助学生提升逻辑思维的能力。

③提供持续的反馈

提供持续的反馈是引导技术中的重要内容。教师提供的引导式反馈与传统对与错的反馈大不相同。在做出引导时需要认真聆听学生所做的试误过程，随后对所听到的内容进行回溯，让学生理解这一次试误对解决问题所带来的帮助。这种回溯的方法能够帮助学生认识到哪里出了问题，从而针对性地改善解决方案。

④开放式提问

开放式提问是启发式引导技术的呈现形式。教师对学生提出开放式的问题，在整个学习过程中促进对话和反思。开放式的问题是心理咨询中常用的一种引导技术。在这种引导技术中，咨询者不能用简单的"是""否"来回答问题，他们需要先进行足够的思考和探索，才能予以回答，这种回答并没有所谓正确标准。通过这种方式，咨询者深入思考自己的行为，并表达出自己的真实想法。在乐高课堂中，开放式的问题将鼓励学生对内容进行假设、理解和实现、验证和进一步地假设，完成自主的知识建构。

⑤渐进式的引导方式

在引导过程中，需要教师观察学生的进展状态，引出合适程度的下一步思考路径。避免因为时间问题而跳过关键步骤，直接进入难度过高或者最后一个思维要点，会出现揠苗助长、降低学生学习积极性的情况。

（四）知识（Fact）

乐趣是乐高课程的原则之一，但却不是唯一的原则。如果课堂只一味地追求乐趣，这将只是一场游戏，乐高教具将与玩具没有区别。而将游戏与游戏学习区别开来的便是活动中所学到的知识。

前文中有提到在乐高教育的解决方案中，主观知识的传授只占有很小一部分的内容。学习者更多的时间需要自由地建构属于自己的实践情境知识，在建构过程中也不断完成主观知识、客观知识和实践情境知识三者间的提取与转换，不断地进行反思、拓展和新的建构。乐高教育的成品也不是有形的各种机器人或者模型，而是在此之中学习者学到的知识以及问题解决能力的提高。当然，由于各国课程标准的差别，对所获得知识的描述会有所差别。美国教师会根据"21世纪核心能力"来阐述，将乐高教育表述为"一段特别的动手实践（hands-on）的学习经历，涉及学校提倡的16个思维习惯的培养，其中包括坚持不懈、精益求精、带着同理心聆听他们、创造、想象和创新等。"[①]

（五）4Cs（Four Cs）

乐高教育4Cs学习过程是指联系（Connect）、建构（Construct）、反思（Contemplate）和拓展（Continue）四个学习环节的英文首字母的缩

---

① Diana. 乐高机器人项目和自我认知［J］.上海教育，2014，（20）：76-79.

写。4Cs 学习过程是乐高教育方法的核心，也是所有乐高教育活动的基础。所有的乐高教育教学资源都遵循这个逻辑结构，层层递进、螺旋上升，以确保最优的学习效果。在接下来的内容中，将对这四个学习环节进行专门的论述。

四、4Cs 学习模式

乐高教育 4Cs 学习过程基于多年实践教学经验，总结 K—12 阶段学生获取知识的过程和学习效果设计而成。这四个学习环节都需要遵循乐趣、畅流、引导和知识等原则。在这些环节中，学生利用自己已经具备的能力，来构建物体，探索过程中的因果关系，发展自己解决问题的能力，这是他们认识周围世界的、发展新知识的理想方法。在联系阶段，着重驱动学生内在学习动机，引起学生好奇心，唤醒新知识与旧知识的联系；在建构阶段，学生一方面在头脑中建构概念和知识，同时也亲手实践自己的想法和创意，建构属于自己的模型；在反思阶段，着力引导学生发现问题，积极思考，反思并表述自己之前的经历，巩固新建构的知识；在拓展阶段，让学生利用新建构的知识和技能，完成一项开放性的活动，利用畅流状态提升学生的成就感。

这四个环节层层递进，构成一个螺旋上升的良性循环过程。拓展环节并不是学习过程的结束，而是意味着新的联系环节的开始。在一次完整的乐高课堂当中，可能存在两轮或多轮的循环过程。当然，在后一轮次循环过程中活动的难度要高于前一轮次。

随着 STEM 教育影响的进一步扩大，乐高教育 4Cs 学习过程不单适用乐高课堂，也不只依托乐高教具，也不限于 K—12 阶段。4Cs 学习过程已经渐渐成为一种成熟的教学范式，被更多的教师引入自己的课堂当中，比如西南医科大学内科护理学课程[①]、博罗中等专业学校机械制图课

① 杨茜、张世友、王家香、刘红.乐高 4C 教育模式在内科护理教学中的应用及效果评价［J］.护理学杂志，2017，32（17）：61-64.

程① 以及各类师范专业课程之中②。

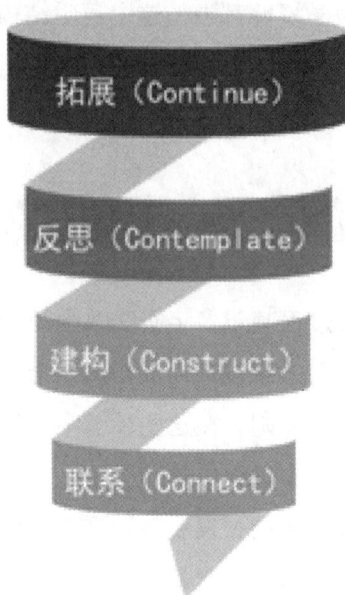

图 1.27　乐高教育 4Cs 学习模式

（一）联系（Connect）

对乐高课堂而言，非常重要的一环便是唤醒学生既有的知识结构。"基于学生已有的知识和能力"也是畅流状态的起点。以搭建一个乐高城堡为例，既往的知识就像是"基座"，如果没有这个"基座"，城堡便如同空中楼阁一样只存在于想象之中。学习也是如此——学生必须在既有的知识上进行新知识的建构。

联系无疑能够帮助师生之间进行良好的沟通和交流。通过这个阶段讨论，教师对学生的兴趣和水平的感知将进一步加深；学生也会因为这个破冰环节对教师有良好的印象。这对活动的继续进行以及活动过程中

---

① 赵瑞.运用乐高教具提高中职机械制图课程的教学效果［J］.计算机光盘软件与应用，2015，18（01）：248-249.

② 张谦、周如旗、邹依林、张渝荣.乐高 4C 教育模式在基础教育师范生职业课程中的应用［J］.福建电脑，2013，29（05）：37-40.

教师进行的个性化引导有明显的帮助。

好奇心和求知欲是学生学习的两大内在动机。联系阶段便是创设学习环境，激发学生好奇心和求知欲的关键阶段。创设学习环境不只包括积极有趣的学习氛围，更需要与学生身边可能的现实生活场景联系，引导学生从真实的场景中发现问题，进而发自内心地愿意解决这个问题。正如派珀特所说："联系到既往的知识或者感到一些强烈的愿望都会让你学到一些新的知识。"

讲故事和提问题是两种比较好的联系方式。比如，用地震的故事导入房屋结构的主题，启发学生思考哪种房屋结构更结实。在这个故事中，学生对地震预防、房屋结构等都有接触，而且已经学习到一定的立体几何知识。为了保护更多的人不在地震中受伤，学生便积极地接受了这个挑战，开始自己的尝试。又比如让学生搭建一个机器人程序，能够将放在厨房的猫粮倒入放在客厅的猫碗之中，让饥饿的小猫吃到食物。这个任务直接创造了一个看似简单，但其实非常复杂的任务情境，要完成这个任务，必须保证机器人有直线行走、曲线行走、取物、放物等等子任务。这些任务有些可能是学生已经学习到的知识，有些可能尚未接触。由此，学生便有了挑战的兴趣，便开始积极地设计并实施自己的结局方案。

联系阶段除唤起学生既有知识结构，激发学习动机外，还需要为学生提供明确的任务目标以及子目标，这也是畅流和知识原则的要求。首先，这些目标必须满足开放性的需要，也就是必须可能让学生用不同的解决方案来完成。这些目标也必须保证任务挑战的难度与学生既有的技能水平相适应，达到动态的平衡，根据课程标准来安排是一个保险的做法，但理想状态是更细致地了解学生的真实水平。

这里还需要强调一点，对刚接触乐高教具的学生而言，必须先花费足够的时间让教师和学生都熟悉手上的工具。对一些概念和名称有一个统一的认知，比如对乐高零件的称呼等等。磨刀不误砍柴工，这是乐高课堂的先导课程。

（二）建构（Construct）

建构主义理论学家极为重视学生的亲手实践对学习的促进作用。比如亲手搭建一座乐高积木城堡，编写一段程序，制作一个机器，甚至是写一首歌。当前国内学生学习方式的问题之一便在于，即使学习过三角形是最稳定的集合图形，学生也无法将高压井架，或者其他实际的案例联系起来；即使背诵过很多唐诗宋词，在作文写作时也无法运用出来。也就是说，这些知识只是从书本上的客观知识转变成为学生的主观知识，但是并没有转变为情境性知识。这种静态知识的学习并不乐观。

正是出于对这一学习难题的思考，乐高教育愈加注重动态知识的转换过程。乐高教育借鉴"做中学"的学习理念，引导学生进行两方面的建构：一方面，学生在亲手制作作品的过程中，将客观知识同化或顺应为自己的主观知识，正如派珀特所认为的，"当你的手中在建构一件作品时，你的头脑中也在建构一些新的想法和知识"；另一方面，这些新学到的主观知识，又将在反思中建构为更加复杂的情境性知识，并运用于改进作品之中。这两种建构过程循环进行，共生共进，从而达到提升学生解决问题的能力的目的。

在建构阶段，教师需要时时观察学生进展的状态，并在有需要的情况下提供必要的引导。这也是学生进入畅流状态的第一个关键期。从另一个角度而言，学生手中模型的进展程度，也体现出他们在上一阶段知识建构的程度。

对大多数学生而言，乐高课堂的建构活动都是充满乐趣的学习活动。与传统讲授型课堂不同，在乐高活动中教师会采用更多的信息手段和方式方法，采用平板电脑、智慧课堂或者其他科技新手段进行教学。

建构主义学习理论基于长时间的实践积累。这来源于美国哲学家以及教育家杜威的"做中学"理论。杜威认为，儿童是从经验中获得知识，而并不应该仅仅是书本。

乐高教育活动提供了三种形式的建构路径：

（1）探究学习：通过简单的模型单件，加深对一些概念的理解，比如滑轮、惯性的概念等等；

（2）引导式观察：通过教师循序渐进方式，将学生引导至畅流状态，逐步完成最终任务的建构。

（3）开放式问题：没有确定的答案，学生根据目标要求自行进行解决方案假设、实施、验证和再假设，最终达成任务目标。通过这种自我挑战形式的建构，大力提升学生解决问题的能力。

无论是皮亚杰还是派珀特，建构主义学家们都强调有意义的建构。所谓意义建构，是指学生基于已有的知识经验对外来的信息进行接受与解读，进而在大脑中建立独特的个性化意义体系的过程。简单来说，意义建构是需要学生完成有价值的知识顺应与同化。而这种意义建构不可能通过单纯的玩乐做到，它需要教师在教学前细心准备与编排。这就是乐高教育知识原则的重要之处。

（三）反思（Contemplate）

反思是一个认知过程，它促进学生对之前的建构过程进行梳理、观察和反省。这也是一个提取和重复建构的必要过程。反思能够帮助学生更好更深地理解之前建构的概念和知识，并建立提取的通道，在遇到类似情境时可以更快地进行问题解决过程。这也就是杜威所提倡的"反省思维"，他认为，反省思维的功能是把经验含糊的、可疑的、矛盾的、某种失调的情境转变为清楚的、有条理的、安定的以及和谐的情境[①]。在反思过程中，学生对建构阶段所遇到的挑战，所运用的技能，以及这个过程中所体验的合作、分享、失败、成功，都将促进知识和技能的进一步更新和重建。可以说，反思能够帮助学生将仅仅限于该活动的知识，与真实的世界和生活的体验联系起来。这与联系阶段的功能正好相反，却又共同组成认知的完整过程：在联系阶段，学生从真实的世界走入抽象

---

① 杜威著，姜文闵译.我们怎样思维·经验与教育［M］.北京·人民教育出版社，2005：88.

的知识世界，被激发出学习的动机；在反思阶段，学生从抽象的建构世界回到真实的世界，并将所学运用于真实世界。

建构阶段是重要的学习过程，但仅有建构并不能保证高效的学习。在传统课堂之中，这一重要过程被放在课后，由学生自主进行。而如果学生尚未具备反思的习惯，这个知识重构的黄金时间将被白白浪费，在课堂中学到的知识也可能会很快被遗忘。也就是说，学生如果在今后的学习过程中遇到类似的难题，并不能及时地提取出已经建构的知识并予以解决。在乐高课堂中，将设置专门的反思阶段，促进学生对前一阶段的建构过程进行观察和思考，并养成反省思维。

1. 成果展示与分享

在反思阶段，学生将展示自己搭建的成品，并表述出自己的观念或者想法。一方面，为表达得清晰，学生们往往需要多次反思自己作品的搭建过程，才能将作品的特色、构建过程、功能以及结论做出详细的说明，在反思的过程中，将会进一步完成知识的梳理与重构；另一方面，在听取其他小伙伴的陈述之后，学员将之与其他学员的作品相比较，从中发现自己建构过程中没有遇到或者没有发现的问题，从而起到对自己的解决方案进行查漏补缺的作用。

2."脚手架"式引导

脚手架（scaffolding），原词指建筑学中辅助建筑工人建造房屋用的脚手架。教育心理学界将其引用过来，类比在学习过程中辅助学习者提高认知水平的支架。教育心理学界引用该词起源于维果茨基的学习理论。脚手架式教学又被称为支架式教学（Scaffolding Instruction），它认为应当为学习者建构对知识的理解提供一种概念框架（conceptual framework）。这种框架中的概念是为发展学习者对问题的进一步理解而设置，为此，要事先把复杂的学习任务加以分解，以便于把学习者的理解进一步引向深入 [①]。简单来说，脚手架理论是指学生需要一定的支持从目

[①] 何克抗.建构主义的教学模式、教学方法与教学设计［J］.北京师范大学学报（社会科学版），1997，（05）：74-81.

前的认知水平发展到潜在的认知水平。而当学生认知能力不断增强，学习过程逐渐内化以后，支持逐渐淡出，最终由学生依靠自我来完成学习任务[①]。"脚手架"式引导现在已经被广泛应用在合作式教学课堂之中，也被乐高教育引入自己的教学体系，逐步形成完整的引导式教学原则。

在反思阶段，教师的主要作用便是帮助学生沿着原定的目标逐步攀升。"脚手架"式引导除要求教师将学生的建构行为与原本目标相联系，发现学生可能忽略的问题之外，还需要慢慢地减少语言上的引导，让学生尽可能独立地进行探索和分析。

3. 合作学习

作为乐高课堂常用的一种教学组织形式，合作学习的重要性不言而喻。反思阶段的合作学习主要是进行小组协商、讨论，从而达成一致意见，对建构好的成果进行展示。而讨论的结果有可能使原来确定的、与当前所学概念有关的属性增加或减少，各种属性的排列次序也可能有所调整，并使原来多种意见相互矛盾，且态度纷呈的复杂局面逐渐变得明朗、一致起来。在共享集体思维成果的基础上达到对当前所学概念比较全面、准确的理解，帮助完成最终的意义建构。

（四）拓展（Continue）

拓展阶段建立在学生愿意挑战更多内容、更高难度的基础之上。在拓展阶段，教师将会从学生新建构的知识和技能出发，提出一个更复杂的挑战任务。毫无疑问，这也将是开放性的挑战。而在这一阶段，教师将尽量减少自己的引导，撤出"脚手架"，让学生独立地接受挑战。这也是学生体验畅流状态的第二个关键期。拓展阶段并不类似于传统课堂中的课后作业，而是将学生引入一个新的"联系"阶段，使他们在一个螺旋式上升的良性循环过程中超越难度不断增加的挑战。

乐高教育 4Cs 学习过程是在 5Fs 原则指导下的课堂实施解决方案。

---

① 张方晓."脚手架"模型支持学习环境设计研究［D］.华东师范大学，2004.

在具体实施的过程当中，需要以学生的学习为中心，注重学生的动手实践，培养学生解决问题的能力，强调情境性知识的建构与反思，更不能脱离乐趣的基调。

第二章

STEM 教育、创客教育
与乐高教育

一、什么是 STEM 教育？

国家的成功取决于美国在世界创新中的作用，所有首席执行官都应该知道公司的未来取决于下一代员工的创新能力，而这又取决于今天我们怎么教育学生——尤其是在 STEM 方面。

——美国总统·奥巴马

STEM 是科学（Science）、技术（Technology）、工程（Engineering）和数学（Mathematics）四门专业学科的英文首字母的缩写组成的合成词。STEM 在最初划分时主要依据大学阶段的专业分科，随后才扩展至 K—12 教育阶段。在这一过程中，因其所内含的四类素养①②与大学阶段相同，STEM 这一名词得以保留，而所谓 STEM 教育、STEM 课程、STEM 战略等等也都基于这四类素养。

科学素养（Scientific Literacy），即运用科学知识（如物理、化学、生物科学和地球空间科学）理解自然界并参与影响自然界的有关决策的能力，主要包括三大领域：生命与卫生科学、地球与环境科学、技术科学。

技术素养（Technological Literacy），即使用、管理、理解与评价技术（如医疗技术、制造技术、电子技术、信息技术等）的能力。学生应当知道如何使用技术，了解技术的发展过程，具备分析新技术如何影响自己、国家乃至整个世界的能力。

---

① 赵中建 . STEM：美国教育战略的重中之重［J］. 上海教育，2012，（11）：16–19.
② 马红芹 . 美国 K–12 阶段 "科学、技术、工程和数学"（STEM）教育研究［D］. 南京师范大学，2015.

工程素养（Engineering Literacy），即对技术的工程设计与开发过程（如航天航空、建筑技术、环境与材料等）的理解能力。工程课程往往基于一个个项目，整合了多门学科的知识，使得难以理解的概念与学生的生活密切相关，激发学生解决问题的兴趣。

数学素养（Mathematical Literacy），即学生在发现、表达、解释和解决多种情境下的数学问题时（如计算、测量、数据统计与分析、概率等），进行分析、推断和有效交流思想的能力。

STEM 教育即基于以上四类素养的组合，但这种组合并不是简单的相加，而是在独立的学科教育的基础上相互交叉融合，为培养学生的创新精神和实践能力服务。

（一）STEM 教育的提出与发展

科学、技术、工程和数学四门专业学科对大学而言并不是新兴学科。STEM 教育这一概念的提出源于美国对国家未来技术创新人才危机的思考。一方面，在进入第三次科学技术革命之后，世界各国都重视科学与技术对经济发展的巨大推动力，从而加大对科学、技术人才的培养力度，美国所自认为的科技领头人的地位也受到冲击。另一方面，在美国国内进行的国家教育进步评价测试（National Assessment of Educational Progress，NAEP）中，只有大约 1/3 的中小学生达到数学和科学的国家要求。而在国际数学和科学趋势研究（Trends in International Mathematics and Science Study，TIMSS）中，美国学生的平均成绩位于所有参与国的中间位置；在国际学生评估项目（Program for International Student Assessment，PISA）中，美国学生的成绩较为落后。[①] 这三项数据无疑加重美国国家对技术人才培养的紧迫感。面对这一严峻形势的挑战，培养适合 21 世纪所需的人才，特别是具备 STEM 素养的人才，成为美国教育战略的重中之

---

① 赵中建 . STEM：美国教育战略的重中之重［J］. 上海教育，2012，（11）：16-19.

重①②③④⑤。

（1）萌芽阶段（20 世纪 50 年代至 1986 年）

在这一阶段还未有明确的 STEM 概念，但美国科学教育学者最早于 20 世纪 50 年代提出科学素养的概念。例如斯坦福大学的赫德教授 1975 年指出"技术素养与科学素养应当并列成为科学教学的主要目标"。他们认为提高国民的科学素养是提升国家综合国力的关键。

（2）确立阶段（1986 至 2005 年）

1986 年，美国国家科学委员会发布《本科科学、数学和工程教育》，首次明确提出"科学、数学、工程和技术教育集成"的纲领性建议。此时，常见的缩写是 SMET，这也被视为 STEM 教育的开端。1996 年，美国国家科学基金会在《塑造未来：本科教育振兴战略》中首次使用 STEM 描述设计一至多门 STEM 学科的实践、政策或实践。在接下来的时间中，STEM 逐渐取代 SMET，成为四门学科的统称。

（3）发展阶段（2005 至 2009 年）

2005 年 1 月起，美国第 109 届国会通过的法案中有 3 个法案与 STEM 相关，以不同形式提出对 STEM 类型人才培养的需求。此时的 STEM 教育还处于小范围的精英教育之中，但已然引起美国各界人士的广泛关注。及至 2007 年，美国国会一致通过《国家竞争力法》，首次以立法形式肯定 STEM 教育的重要地位。同年，美国教育部发布《学术竞争力委员会报告》、美国州长协会拟定《创新美国：制定一个科学、技术、工程和数学的议程》的纲领、美国国家科学委员会发布《国家行动计划：应对美国科学、技术、工程和数学教育系统的紧急需要》的报告，全美教师教育大学协会也提出《准备 STEM 教师：全球竞争力的关键》等政策、文

---

① 余胜泉、胡翔 . STEM 教育理念与跨学科整合模式［J］. 开放教育研究，2015，21（04）：13-22.

② 赵中建 . STEM：美国教育战略的重中之重［J］. 上海教育，2012，（11）：16-19.

③ 朱丽娜 . STEM 教育发展研究与课程实践［D］. 东南大学，2016.

④ 上官剑、李天露 . 美国 STEM 教育政策文本述评［J］. 高等教育研究学报，2015，38（02）：64-72.

⑤ Margaret Honey，David E. Kanter 著，赵中建、张悦颖译 . 设计·制作·游戏——培养下一代 STEM 创新者［M］. 上海·上海科技教育出版社，2015（1）.

件。这些文件将 STEM 教育的纵向范围扩展至 K—12 教育领域，横向范围扩展至教师教育、教育公平、非正式教育等等各大领域。这也意味着在美国国内都认可 STEM 教育对提升国家竞争力的重要性且已经上升至国家战略程度。

（4）扩展阶段（2009 年至今）

2009 年，奥巴马政府上台执政，将 STEM 教育推向美国教育新的高峰。2010 年，美国总统行政办公室和总统科技顾问委员会发布《准备与激励：为了美国未来 K—12 科学、技术、工程和数学教育》（以下简称《准备与激励》），这是首部专门针对 K—12 教育阶段进行 STEM 教育的政策文件。同年，美国教育部发表《改革蓝图——初等教育和中等教育法在授权》，将 STEM 教育作为"完整教育"最为重要的组成部分。在随后的两年间，奥巴马增加对 K—12 教育阶段 STEM 教育的经费投入。2013 年，美国国家科学技术委员会发布《联邦政府 STEM 教育五年计划》、2014 年美国国家科学院出版《K—12 年级 STEM 整合教育：现状、前景和研究议程》等等，对 STEM 教育的要求与标准更加细致与详细。

由此可见，美国 STEM 教育的发展是一种从上至下，聚集全美力量共同推进的 STEM 教育的发展。在美国政府政策的指引和巨额的资金支持下，STEM 教育得以快速发展，直至影响各行各业。而与此同时，STEM 教育逐渐从美国扩展至英国、芬兰、澳大利亚、新西兰、美洲等国家和地区。STEM 教育的内涵也有所扩大，如 2013 年全球 STEMx 教育大会中的 x，代表着计算机科学、计算思维、调查研究、创新与改造、全球沟通、协助及其他不断涌现的 21 世纪所需的知识与技能[①]。又比如将艺术教育（Arts Education）并入的 STEAM 教育。而在 STEM 教育的课程改革浪潮中，各种新兴教育形式也应运而生，比如创客教育、机器人教育、乐高教育等等。

---

① 罗伯特·M·卡普拉罗等著，王雪华等译.基于项目的 STEM 学习［M］.上海科技教育出版社，2016（1）：4.

（二）STEM 教育的核心特征

美国 STEM 教育的出发点在于提升社会各界，特别是本科学校对科学、技术、工程和数学这些"理工"学科的重视，包括加大经费投入，扩大教师队伍，提供政策优惠以及企业实践机会等等，从而"造就科学家、技术专家、工程师和数学家，他们将提出新的思想，制造新的产品并创造出 21 世纪的全新产业"（见《准备与激励》）。该阶段的 STEM 教育的对象多为已经确定专业分科并将进行深度学习的大学学生。这也意味着，STEM 学科精英们的学习取向将会是更深入、更精通。然而教育学家们很快意识到其中的问题：一是科研工作所必需的跨专业人才缺乏；二是精英们的创新能力并不像设想中的大幅度提升并迅速转化为生产。因此，从课程设置上，STEM 教育开始走向融合。STEM 教育的内涵也出现变化，基于跨学科问题学习或项目学习成为主要的学习形态。

与此同时，STEM 教育也延展至 K—12 教育阶段。K—12 阶段的学生与本科学生在学习特点上有极大的不同，在这里我们并不赘述。K—12 阶段的 STEM 教育侧重于综合培养学生 STEM 素养，从而提升学生创造性地解决问题的能力。而这一阶段的学生也具备更多的可塑性：首先，中小学生处于创新能力培养的黄金时期，他们具备更多天马行空的想象力。其次，中小学生还处于知识准备阶段，绝大部分学生尚未进行分科教学（如文理分科），这对融合的 STEM 教育而言是最好的发展土壤；再次，普及的 STEM 教育"将能为每一个个体提供为获取足够生活的薪水，以及为他们自己、他们的家庭和社区做出决定所必须的技术能力和计算素养"（见《准备与激励》）。也正如奥巴马在 2011 年 2 月发布的《改革蓝图：初等教育和中等教育法再授权》中所提到的"在知识型经济的 21 世纪，当我们的学生在离开高中的时候，应该具有一个坚实的 STEM 基础，为他们中学后的教育和就业做好准备"。K—12 阶段 STEM 教育的重要性由此可见一斑。而本文所讨论的 STEM 教育也集中于 K—12 这一教育阶段。美国"项目引路"（Project Lead The Way，PLTW）机构的观点更明确地指出 STEM 教育的整合特点及其现实意义：

STEM 教育课程计划旨在使学生参与以活动、项目和问题解决为基础的学习，它提供了一种动手做的课堂体验。学生在应用所学到的数学和科学知识来应对世界重大挑战时，他们创造、设计、建构、发现、合作并解决问题。[①]

从中可以看到，STEM 教育注重挑战与实践，强调知识的运用于发展。换而言之，STEM 教育已经不仅仅是对学习内容的指引，更是对学习目标、学习模式、实施方式甚至于评价方式的一种全方位的教学变革。

（三）STEM 教育的实践形式

STEM 教育是一种新兴的跨学科教育，通过融合科学、技术、工程与数学四门学科领域的内容来培养学生的综合素养，旨在增加国家的 STEM 人才，提升国家的国际竞争力，从而促进经济的发展[②]。STEM 教育下的变革除了增加数学、物理、生物、信息等科目的比重外，其重点还在于开发更多的基于整合的跨学科教学实践形式，如美国生物学课程研究会（Biological Sciences Curriculum Study，BSCS））提出的"5E"教学模式、项目引路机构的 PLTW（Project Lead To The Way）课程体系、乐高教育倡导的 4Cs 学习模式以及 DMP 参与式学习模式、PBL 项目整合学习模式以及创客教育实践形式等等。

1."5E""6E"教学模式

"5E"教学模式最早是由美国 BSCS 提出的一种基于建构主义视角的探究学习模式，其基本环节有引入（Engage）、探究（Explore）、解释（Explain）、精炼（Elaboration）和评价（Evaluate）。这种模式基于科学的本质和工程本质培养学生科学探究精神和工程设计能力，促进学生新概念的发展[③]。2004 年，国际技术和工程教育协会（International

---

① 罗伯特·M·卡普拉罗等著，王雪华等译.基于项目的 STEM 学习［M］.上海科技教育出版社，2016（1）：3.

② 朱丽娜.STEM 教育发展研究与课程实践［D］.东南大学，2016.

③ 同上

Technology and Engineering Educators Association，ITEEA）的 STEM 教学中心采用了该种教学模式。2011 年，马里兰州教育部也将"5E"教学模式用于整合型的 STEM 教学实践中，并对其每一个环节如何开展进行了详细论述。"5E"教学模式能够保障学习者的主体地位，学生可以通过自主探究来构建、形成对科学概念的理解，如美国 EIE 课程《城市景观》[①]。

表 2.1　EIE 课程《城市景观》学习过程

准备活动	由活动引入工程概念；完成多项活动，定义技术概念	引入
活动 1	探究污染解决方案：使用城市模型探索河流污染的原因。	探究
活动 2	探究绿色：创造自己的绿色屋顶并探讨天然材料的性能。	
活动 3	研究渗透：通过研究透水路面技术，设计符合一定标准的工程路面。	
活动 4	创建城市景观：以团体为单位进行计划，设计一个环境工程的解决方案，并进行测试。	解释
活动 5	改善城市景观：小组合作优化设计，最终能较好地符合标准。	延伸
活动 6	工程展示：将成果介绍给游客。	评价与交流

　　随后，在"5E"教学模式的基础上，Burke 结合 STEM 课程的特点将其扩充为"6E"学习模式，包括：引入（Engage）、探究（Explore）、解释（Explain）、设计（Engineer）、拓展（Enrich）和评价（Evaluate）。一是加入设计环节，使这一模式更加符合工程设计学习形式；二是将精致化环节改为拓展环节，旨在鼓励学生在完善本次课程内容的基础上进行更高难度的探索。这种基于工程设计的 STEM 教育模式通过教师指导学生制作工程流程图，使学生经历一定主体范围内的科学探究，进行自主学习和合作学习，如英国 CIEC 课程《电》[②]。

---

① 蔡海云 . STEM 教学模式的设计与实践研究［D］. 华东师范大学，2017.
② 蔡海云 . STEM 教学模式的设计与实践研究［D］. 华东师范大学，2017.

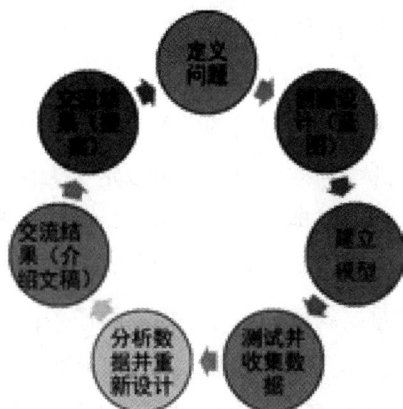

图 2.1 工程流程图

表 2.2 CIEC 课程《电》

定义问题	制作探测水位的传感器
创建设计	与工业建立联系，通过活动学习电路、风能、传感器知识
建立模型	依据知识指南，设计并建造一个水位传感器
测试并收集数据	实验活动：影响风能的因素；证明动能可以转化为电能；研究如何控制电路的通断；传感器与水位变化对电路的控制
分析数据并重新设计	每个活动都有项目表和最终方案评估等级，记录结果，发现问题再优化设计
介绍文稿	解释传感器测量水位的工作原理、设计目的、电路原理图、需要的材料及设备
交流结果（提案）	向客户展示设计，并提交工程设计详细方案

基于工程设计的"6E"学习模式具有以下几个特点[①]：(1)开始于真实情境，增加学生学的兴趣和学以致用的效能感。(2)突出以学生为主体。教师在课程活动中扮演引导者的角色，指引学生依据工程流程分析问题、解决问题和模型建构。(3)研究体现循环性。整个课程从问题节点、模型构建和检测环节都进行多次修改和优化的循环，充分体现工程设计的迭代特点，提升学生的探究能力，激发学生创新性思维。(4)融合性。解决工程问题的同时需要数学、科学、技术、语言等学科的支持，以此增加学生学习其他学科的兴趣。

---

① 朱丽娜 .STEM 教育发展研究与课程实践［D］.东南大学，2016.

2.PBL 的 ASSURE 教学模式

"项目"并不是一个新的概念，而是一种常见的工程技术教学方法。在整合的 STEM 教育中，基于项目的学习（Project-Based Learning，PBL）也是一种非常适合的跨学科教学方法，可以定义为模糊的任务，这个任务被置于丰富情境下同时具有明确目标，要求学生解决若干问题，通过学生完整的作品展示来考量学生对 STEM 所涉及的各个学科概念的掌握情况[①]。这中间包含两个非常重要的概念：一是模糊的任务；二是明确的目标。

"模糊的任务"是给学生对问题、约束和标准进行解释的自由，他们利用学科知识来形成各种各样的解决方案，所有方案都会产生那些已经明确定义的结果。"明确的结果"包括地方、州和国家标准相关的明确的期望，对需要完成的任务有明确的期望和约束限制。

PBL 整合学习为学生提供融入真实情境的体验，这些体验辅助学生学习，帮助学生对科学、技术、工程和数学各个领域里的概念形成清晰的理解，而整个过程都有语言、艺术和社会研究的支持。STEM 教育中的这种学习方法既富有挑战性，又催人奋进。这种学习方式要求学生有批判性的思维并且要善于分析情况，培养其更高水平的思维技能。他要求学生团队协作、与同伴沟通、解决问题、自主学习，同时对所有学生都有严格的要求。

PBL 整合学习的优势在于它可以包含于现实生活相关的真任务（比如乐高机器人等手工制品），还包含让学生通过设计要求掌握的与任务相关的知识概念。在确定学习目标之后，教师对学生所要完成的真实任务或手工物品给予必要的限制，这就为学生的学习设置了边界。限制条件通常包括在设计简述中，这也是大家都认为至关重要最基本的要求。因此，不满足这些限制条件，就意味着这些尝试不被认可。设计要求，既包含限制条件，也设计学生掌握目标或规格从而明确知晓的标准。所有的标准都是可测的。这些标准是整个 PBL 帮助学生了解他们在完成任务方面的成长，正是因为有了这些标准才能评估。事实上，这些标准是整个 PBL 中所有评估的基础。

PBL 整合学习多采用 ASSURE 教学模式，旨在保证技术整合、学生

---

① 罗伯特·M·卡普拉罗等著，王雪华等译.基于项目的 STEM 学习［M］.上海科技教育出版社，2016（1）：7.

积极投入以及有效的学习。ASSURE 教学模式包括分析学习者（Analyze learners）、陈述目标（States objectives）、选择方法和技术（Select methods and technology）、使用技术（Utilize technology）、要求学习者参与（Require learner Participation）、评估和修改（Evaluate and revise）[①]。

表 2.3　用于 STEM 项目学习的 ASSURE 模式

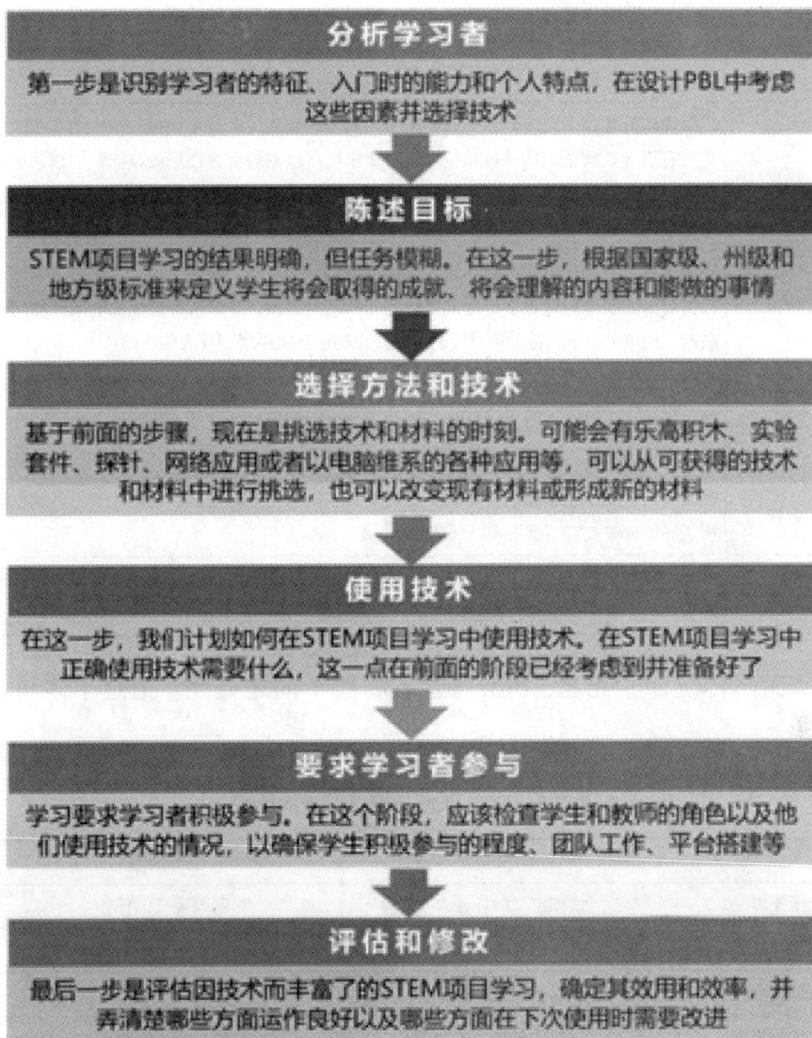

分析学习者
第一步是识别学习者的特征、入门时的能力和个人特点，在设计PBL中考虑这些因素并选择技术

陈述目标
STEM项目学习的结果明确，但任务模糊。在这一步，根据国家级、州级和地方级标准来定义学生将会取得的成就，将会理解的内容和能做的事情

选择方法和技术
基于前面的步骤，现在是挑选技术和材料的时刻。可能会有乐高积木、实验套件、探针、网络应用或者以电脑维系的各种应用等，可以从可获得的技术和材料中进行挑选，也可以改变现有材料或形成新的材料

使用技术
在这一步，我们计划如何在STEM项目学习中使用技术。在STEM项目学习中正确使用技术需要什么，这一点在前面的阶段已经考虑到并准备好了

要求学习者参与
学习要求学习者积极参与。在这个阶段，应该检查学生和教师的角色以及他们使用技术的情况，以确保学生积极参与的程度、团队工作、平台搭建等

评估和修改
最后一步是评估因技术而丰富了的STEM项目学习，确定其效用和效率，并弄清楚哪些方面运作良好以及哪些方面在下次使用时需要改进

---

① 罗伯特·M·卡普拉罗等著，王雪华等译.基于项目的 STEM 学习［M］.上海科技教育出版社，2016（1）：108.

PBL 整合式教学具备的一般特征包括：

表 2.4 PBL 的一般特征

特征	描述
引入	使用包括"大概念（Big Ideas）"或支撑点的项目引入。这种方法有利于激励学生，提供重点并强化学生的表现
任务	任务和引导性问题为学生搭建脚手架，解释需要达成的目标，渗透所要研究的内容。任务应该能够让学生参与研究，对学生有挑战又有可行性；允许学生就如何获得新知识，以自己先前的知识、背景和技能为基础进行选择、计划和设计
调查	过程和调查包括为完成任务二搭建脚手架所需的步骤，以及强化每一步中的参与，包括回答引导性问题。这一过程应该包括要求更高级别的批判性思维技能，如信息的分析、综合和评估活动。处于不同认知能力和语言能力水平的学生可能需要替代性方法在恰当的级别展示自己的理解和表现
资源	资源提供了可用的数据，包括超文本的网络链接、电脑、科学探测、指南针、光碟、目击者等。资源应该在学生能够接触到的环境内提供。并非所有学生都有条件使用互联网、用电脑打字、得到项目所需材料或在问题解决中得到成人的帮助
搭建脚手架	不同的学生在不同的级别需要教师引导并为他们搭建脚手架，这些来自教师的帮助可能包括组织、社会性帮助、计划、资源、学生—教师间的互动、联系作业单、同伴咨询、引导性问题、工作援助或项目模板
合作	很多项目包括小组或团队，特别是在资源有限的情况下。但是，合作性学习可能也使用了同伴评审或者小组头脑风暴活动
反思	PBL 中较好的例子提供了收尾总结、述职、评估或反思的机会。这些可能包括相关的课堂讨论、日志记录，有关学生所学内容的后续问题，甚至包括对学习的评估

而与传统课堂相比，PBL 课堂有哪些不同之处呢？通过下表可以看出。

表 2.5 PBL 课堂与传统课堂的比较

	项目学习课堂	传统课堂
任务情况	模糊定义的任务	明确定义的任务
学习结果	明确定义的结果	松散定义的结果
组织形式	合作性小组学习	个人学习
教师角色	教师是学生获取知识的协助者	教师是知识的给予者
学生角色	独立性解决问题	依赖性解决问题
覆盖范围	多学科交叉	单一科目/主题

续表

	项目学习课堂	传统课堂
驱动方式	问题驱动	教科书驱动
学习方式	基于学习和课程需要的讲授	基于获得相应技能的讲授
课堂评价	过程性评价	结果性评价

3.PLTW 的 APPB 教学模式

项目引路（Project Lead the Way，PLTW）机构是目前美国最大的非营利性组织。该组织通过基于活动的、基于项目的和基于问题解决的（Activities-Based，Project-Based，and Problem-Based，APPB）课程，高质量的教师专业发展，以及合作伙伴的网络，来提升学生在全球经济发展中需要的技能[1][2]。PLTW 机构也是 STEM 教育中卓有成效的教育机构。它研发的 PLTW 课程是一套非常严密的技术教育预备课程，包括：幼儿园至五年级的入门课程；6—8 年级的技术入门课程；9—12 年级的工程之路、生物医学科学和计算机科学课程。

以 PLTW 入门课程为例，课程中的学生成为问题解决者。学生们使用结构化的方法解决问题，比如工程设计流程的方法。学生运用 STEM 知识、技术和思维习惯，尝试不同的方法和解决方式是学习进程的必要组成部分。教师和学生共同学习、共同发现。PLTW 入门课程提供了很大的灵活性。这个课程根据年级水平的标准设置 12 个模块。如下表：

表 2.6　PLTW 入门课程

年级水平	模块	模块描述
幼儿园	结构与功能：探究设计	学生们学习设计进程，了解工程如何影响人类生活。学生们测试身边通过工程设计的材料
	结构与工程：推和拉	学生们探究物理运动的推拉作用，发展与力相关的知识和技能。学生们完善设计，理解力的方向的作用

---

① 马红芹.美国 K—12 阶段"科学、技术、工程和数学"（STEM）教育研究［D］.南京师范大学，2015.

② 刘胜男.建设中小学工程技术课程质量保障机制——来自美国"项目引路"机构的启示［J］.教育发展研究，2014，33（10）：5-11.

续表

年级水平	模块	模块描述
一年级	光和声音	学生探索光和声音，包括声波震动和不同材料对光纤路径的影响。项目包括创建和评估一种利用光火声音进行远距离传输的设备
	光：观察太阳、月亮和行星	学生监测、识别和描述太阳、月亮和行星的图案。利用所学知识，学生创建、测试和改进解决问题的装置
二年级	材料科学：物质的性质	学生们通过材料特性来测试和分类不同种类的材料，包括颜色、纹理和热传导。分析材料之后，学生们运用技能选择合适的材料来解决设计问题
	材料科学：形态与功能	学生研究动物繁殖和植物授粉的方法。学生们模仿其中的设计方法，运用批判性思维技能来设计和建立一个工具
三年级	稳定性和运动：飞行科学	通过对滑翔机模型的创建和修改的测试，学生探索飞行中的力，以及牛顿运动定律
	稳定性和运动：力和相互作用	学生学习简单的机器，如车轮和车轴、杠杆、斜平面、物体间的磁相互作用。学生通过实践项目掌握新的技能
四年级	能量：碰撞	学生通过转化方向、速度、运动类型和力来探索能量转变的机制。学生使用它们所发现的碰撞中的能量转移来开发车辆约束系统
	能量：转化	学生们学习能源的形态，重点在于如何转化能源来满足人类的需求。学生通过设计系统来应用知识，这个系统能够贮存能源，然后按照需要来转化能源形式
五年级	机器人与自动化	学生探究机器人在当今世界的应用，及它们对社会和环境的影响。学生构建和测试移动机器人，可以远程控制，参与与环境灾难的清除相关的项目
	机器人与自动化：挑战	该模块有助于学生在各种平台上发展编程技能，包括平板电脑的应用程序和基于浏览器的编程环境。学生建立和设计自动化的机器人来解决现实世界的问题

  PLTW 课程是与学校的学术紧密相关的课程。也就是说，学校可以有选择对应的 PLTW 课程。在这些课程中，学生致力于定义问题和解决问题，而并不是简单地寻求正确的答案。特别是高中三个系列的课程，被认为是为大学准备的先导课程，为学生的专业选择提供参考。而其从入门—基础—专业—顶层的单元设计逻辑，也便于学生学习和进步，也因而受到学校老师和学生的欢迎。

  PLTW 课程所采用的 APPB 教学模式充分符合其课程设计的理念和教

学特色。它所包含的活动教学、项目教学和问题教学的三种方式，相互交叉，构成立体的系统。其中，"活动"是一种亲自体验的过程，学生通过活动建构并进一步建构自己的知识结构。"项目"是工程技术教育中的基本单位，项目引领式的教学强调以小组为单位，围绕某一主题进行跨学科的研究，这不仅需要学生掌握相应的知识，还需学会合作、分享、团队管理以及全局性思维等等。"问题"为核心的学生常常体现为小规模的调研，以培养学生的判断性思维、逻辑性思维，从而提升学生解决问题的能力。常见的 APPB 模式如图[①]：

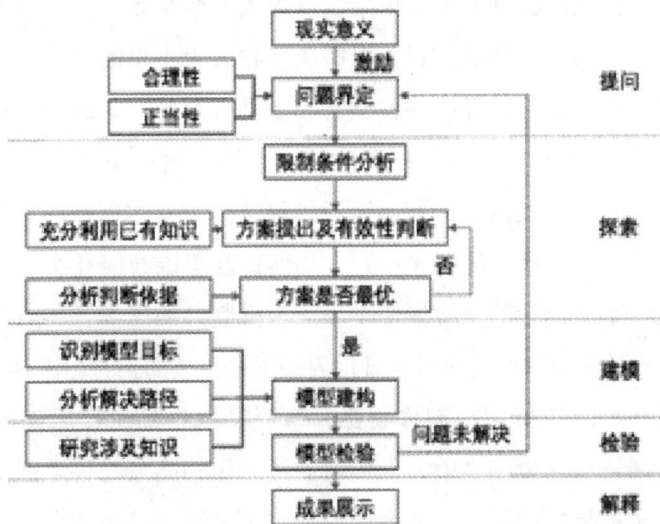

图 2.2　基于 APPB 教学模式的课堂教学环节

4.DMP 参与式学习

"设计—制作—游戏"（Design-Make-Play，DMP）旨在阐明提高动机和促进学习的参与式的方法论[②]。该方法的主要依据为美国国家研究委员会（National Research Council）出版的《K—12 年级科学教育框架：实

---

① 刘胜男．建设中小学工程技术课程质量保障机制——来自美国"项目引路"机构的启示［J］．教育发展研究，2014，33（10）：5-11.

② Margaret Honey，David E. Kanter 著，赵中建、张悦颖译．设计·制作·游戏——培养下一代 STEM 创新者［M］．上海·上海科技教育出版社，2015（1）．

践、跨学科概念和核心观念》（以下简称《框架》）。《框架》认可"科学史应对世界最紧迫之挑战的关键"的观点，并试图确保：

到高中毕业时，所有学生都能欣赏科学的魅力和奇迹；掌握足够的科学和工程知识去参与相关议题的公开讨论；成为日常生活中关注科学技术信息的细心消费者；能够在学校之外继续学习科学；拥有能够进入自己所选职业的技能，包括（但不限于）科学、工程和技术领域的职业。

DMP 学习方法被认为是对《框架》的一种诠释，也是一种能够提高年轻人科学想象力的方法。

设计——迭代、挑选和安排要素以形成一个整体，人们通过这种方法创造手工制品、系统和工具，以解决各种大大小小的问题。 作为工程和技术的核心过程，设计以一种整合和激励人心的方式成为教授科学、技术、工程和数学（STEM）内容的有力手段。通过设计过程，一个人学会如何辨别问题或需要，如何思考各种选择及其约束条件，如何做计划、建模型、用迭代方法解决问题，如何提高思维技能和实实在在的可见的技能。基于设计的学习促使学生成为批判性的思考者和问题的解决者，并将科学和技术作为应对今日世界最紧迫挑战的强有力工具。

制作——手工拆解或制作物品，享受了解物品工作原理的个人乐趣。 早在制订科学规则之前，人们就通过制作物品参与科学训练。这帮助我们去做需要做的事情，或者说制作出来只是为了乐趣。一场静悄悄的革命正在全国各个社区全面铺开。这一革命深深地植根于我们人类的特征，并有转变为科学学习的潜能，这就是众所周知的"创客运动"。受《制作》杂志和"制汇节"成功的激励，创客们因为共享的喜悦而聚集在一起，这种喜悦来自于修修补补、应对问题、创造以及反复使用各种材料和技术，创客运动蓬勃发展。创客身上需要的本质特征——深度参与内容、实验、探究、问题解决、合作以及学会学习——正是使用 STEM 学习者备受鼓舞和保持热情的要素。

游戏——一种市场涉及制作理念、发明和创新的有趣而自愿的活动。 在科学学习和乐于游戏、发现以及探究的天性之间，存在着很强的相似性。两者都受到好奇、调查和探索的激励，而且两者的核心就是创造力。游戏鼓励建立由不同参与策略组成的一种多元化生态，从思维活跃到沉思不语，从亲身体验到接受指导。贯穿所有这些策略的主线就是一种没有压力的探究和发明，这正是科学学习中产生创造性思维和创新的本质特征。

DMP参与式学习者的共同特征是：在学习和探究过程中表现出的独立个体的感觉。无论参与的是个人项目还是集体项目，参与者一般凭借自身兴趣或对项目产生的需求，运用自身能力开展工作，贡献想法，提出解决方案并影响结果等，实验项目的组织领导者只是提出参与者大致需要获得的目标学习的研究结果。当然，我们把项目目标的重点放在项目推进的工作之中。在追求实现特定的项目目标的过程中且在参与者不断应对项目进程中出现的各种挑战和障碍时，参与者则在有注意和无意间完成了学习。

简而言之，DMP参与式学习是一种依托《框架》设计的非正式学习活动。这些活动并没有一种常规的形态，可以是设计实验室（Design Lab）发起的自主探索活动，如纽约科学馆设计实验室发起的快乐城模型；可以是在修补工作室（tinkering studio）进行的各种"创作"，如美国旧金山探索博物馆的修补工作室的各项活动；甚至可以是适合家庭进行亲子活动的"创作工坊"或者适合多个家庭共同参与的"街区派对"。可以说，DMP本身就是自由设计的产物。

随着全球各国对STEM教育影响力的扩大，STEM教育的实践形式也越来越多样化。综观这些多样化的教学实践，STEM课堂与传统课堂的区别主要集中表现在以下这些方面：

表2.7 STEM课堂与传统课堂的比较

	STEM课堂	传统课堂
课堂中心	学生	教师
导入方式	问题情境	知识回顾
组织形式	基于项目	基于教材

	STEM 课堂	传统课堂
学习方式	以协作探究为主、教师答疑为辅	个人学习、教师灌输
学习导向	问题导向	教材导向
教学环境	信息化、数字化的教学设备	以黑板、投影仪为主
教师角色	教学组织者、学习辅助者	课堂掌控者、知识传授者
学生角色	课堂主体、知识主动获取者	知识被动接受者
师生关系	平等和谐	教师权威
课堂氛围	活跃、自主	严肃、沉闷

二、什么是创客教育？

创客充分展示了大众创业、万众创新的活力。这种活力和创造，将会成为中国经济未来增长的不熄引擎。

——李克强

2009 年，美国时任总统奥巴马在 "Educate to Innovate" 运动中发言呼吁 "每个学生都应该成为创造者，而不仅仅是消费者"。随后，美国白宫启动 "创客教育计划"，"创客" 作为独特的 STEM 教育形式而快速扩展全美，乃至全球各地。2015 年，李克强总理在政府工作报告中做出 "大众创业、万众创新" 的 "双创" 指示，创客浪潮已经席卷国内。

（一）创客与创客教育

1. 创客与创客运动

创客（Maker）指努力把各种创意转变为现实的人[①]。时至今日，创客并不是单单意味着一个喜欢或者享受创造的群体，更意味着一种文

---

① 刘正云.中小学校创客空间的评价研究［D］.南京师范大学，2016.

化，一种态度和一种学习方式①，甚至是一场新的工业革命②。创客本身的自由和创意属性决定了创客的多样化。这种多样化不仅体现在创客群体构成上，也表现在创客模糊的学科和领域界限。创客没有年龄、种族、性别、职业的限制，人人皆可参与，比如数字创客、电子创客、原子创客、工艺创客、基因创客、行走创客以及教育创客等等③。而创客运动则是指越来越多的创客在日常生活中创造新颖的物品，并通过线上、线下的论坛与他人分享创造的过程与作品④。克里斯·安德森（Chris Anderson）认为"创客运动"具有三个变革性的共同点⑤：

①人们使用数字桌面工具设计新产品并制作模型样品（"数字DIY"）。

②在开源社区中分享设计成果、开展合作已经成为一种文化规范。

③如果愿意，任何人都可以通过通用设计文件标准将设计传给商业制作服务商，以任何数量规模制作所设计的产品，也可以使用桌面工具自行制作。两种途径同样方便，大大缩短了从创意到商业的距离，作用不亚于互联网为软件、信息和内容带来的革新。

创客运动兴起于高校开展的创客空间（如 MIT 比特与原子研究中心发起的 Fan Lab）。随后，各种创客社区（如 http//makespace.org）、创客大赛（如中国联想创客大赛）、创客嘉年华（如美国创汇节）不断涌现。这其中的创客项目普遍都具有高科技、贴近生活、综合性强、可玩性强、多人协作等特点。这些特点都表明，创客是最好的 STEM 教育资源⑥。创客运动与 STEM 教育碰撞出火花，创客教育便由此而生。

2. 创客教育

创客教育是创客文化与教育的结合，基于学生兴趣，以项目学习的

---

① 杨现民、李冀红. 创客教育的价值潜能及其争议［J］. 现代远程教育研究，2015，（02）：23-34.
② 克里斯·安德森. 创客——新工业革命［M］. 中信出版社，2015（02）：1.
③ 吴俊杰. 创客教育：杰客与未来消费者——2014 地平线报告刍议［J］. 中国信息技术教育，2014，（09）：7-12.
④ 杨现民、李冀红. 创客教育的价值潜能及其争议［J］. 现代远程教育研究，2015，（02）：23-34.
⑤ 里斯·安德森. 创客——新工业革命［M］. 中信出版社，2015（02）：30.
⑥ 梁森山. 中国创客教育蓝皮书（基础教育版）［M］. 人民邮电出版社：2016（1）：21.

方式，使用数字化工具，倡导造物，鼓励分享，培养跨学科解决问题的能力、团队协作能力和创新能力的一种素质教育①。创客教育并不以已有的任何课程标准为限制，这在最大程度上保持创客们的自由与创新。创客教育的本质并不是让学生学会某一个知识、某一种常规技能，而是在于让学生勇于挑战自己从未经历过的新问题，并用自己喜欢的方式解决这个问题。正如创客运动的发起人 Dale Dougherty 所提到的一样：

"创客教育是经验学习，而不是知识学习，主要是传授如何做某件事情的经验，学习如何创造的过程，而不是书本上用来考试的东西。要鼓励孩子去想、自己去学、与他人合作，帮助孩子逐步成长为创客，当然最重要的是教他们如何起步，让他们能做出越来越复杂的发明创造。"②

创客教育的目标并不是培养"合格"的创客，而是在于用创客的理念改变传统教育，打破传统教育对学生创新能力的桎梏，从而培养具有创新意识、创新能力和创新思维的创新型人才。传统教育中当然也有创造力培养的内容，但在这些培养当中，创造力只是一种职业技能、工作技能和确保良好就业机会的手段③。然而即便如此，传统教育也并不能让学生在毕业时具备这种创造力。创客教育的出现让更多的教师认识到创造力并不是天赋，而是一种可以培养的能力。甚至更进一步的，创客教育尝试着让创造成为人们生活的一种潜在意识，而不仅仅是在模仿中生活。

当然，并非所有的创客运动都与教育相关。创客教育建立在新兴的科技手段（开源软件、开源硬件以及 3D 打印技术等）和网络信息技术（网页平台、搜索平台、沟通平台等）之上，以"做中学"理念、建构主义理念、体验教育、创新教育、项目学习法、DIY 理念等成熟教育理念思想为指导，形成了自身独特的教育理念体系。

---

① 梁森山.中国创客教育蓝皮书（基础教育版）[M].人民邮电出版社：2016（1）：22.
② 梁森山.中国创客教育蓝皮书（基础教育版）[M].人民邮电出版社：2016（1）：3.
③ 道格·约翰逊著，彭相珍译.从课堂开始的创客教育：培养每一位学生的创造能力 [M].中国青年出版社，2016（1）：26.

图2.3 创客教育的理论融合

在创客教育之中，教师的角色转变最为明显。在创客教育的过程之中，教师只起到"支持者"的作用，仅为学生提供可选的学习主题、学习资源以及必要的技能技巧支持。教师更大的作用，是保证学生有足够的时间、意愿以及条件来完成创客过程。而这中间的大部分学习，都是由学生"自学"完成。

创客教育的学习内容应该秉承"实践、创新、智能、跨学科"[①] 等多个方面的内容。"实践"主要指的是其学习应该以活动为主，让学生亲自动手，一步一步搭建出成品。"创新"体现出给学生留出的创意空间，这也就要求学生无法通过简单模仿已有的成品就能完成自己的学习。"智能"表达出学习与新技术手段的结合，培养学生作为"数字原住民"的天然优势。"跨学科"是指在每一次的创客活动中都可能包含信息、数学、物理、科学等等多个学科的综合性问题，比如学生综合运用已有的知识与技能才能完成活动。而要满足这四个方面的内容，创客教育的选题便格外关键。创客教育的选题必须满足以下八个要点[②]。

表2.8 创客客体的八个要点

要点	说明
切身性	调动学生积极性，并与实践相结合

---

① 张爽.创客教育视域下中小学机器人教学活动设计研究［D］.江南大学，2017.
② 祝智庭、孙妍妍.创客教育：信息技术使能的创新教育实践场［J］.中国电化教育，2015，（01）：14–21.

要点	说明
复杂性	促使学生们用多个学科的知识来合作完成
充足的资源	充分利用各种资源为学生创造条件
互动和合作	取长补短、互相学习、分享信息
高强度	激发学生的自觉性和潜能
合理的时间安排	给学生提供充裕的完成时间 / 充分利用课余时间
分享性	分享资源、分享知识、分享成果
新颖性	激发学生创新精神，打破思维定势

（二）创客教育的探索与实践

我国中小学创客教育起步虽晚，但发展极为迅速。在积极的探索和实践中，创客教育终于在中小学校落地开花，出现如温州中学、常州市虹景小学、深圳二高等一批优秀的创客教育基地。

1. 温州中学的创客教育实践[①]

温州中学创客空间的前身是学生社团科技制作社的活动室，后来在各方的支持下成立温州中学 DF 创客空间。这个创客空间平时并不用来上课，而是在课余时间向学生开放。指导教师通过各种创客分享活动，鼓励不同年级、不同班级的学生观察生活、发现问题，研究跨学科的综合性项目，提升技术并交流创意。根据自身经验，该创客空间的发起人谢作如认为创客空间注重空间选址、设备配置以及指导教师队伍三个方面。首先，在空间选址方面，创客空间必须有足够大的场地，里面需要有足够的工作台和展示空间，便于学生制作、分享和展示。其次，在设备配置方面，3D 打印机、小型车床和焊台等工具应该是基本配置，有配备的编程软件如 Arduino 等，同时还需要及时补充金属、木质、塑料等材料。最后，在指导教师方面，为符合创客空间跨学科的性质，教师也可以来自不同的专业。除常驻教师外，还可以邀请大学、科技馆、创客公

---

① 梁森山 . 中国创客教育蓝皮书（基础教育版）[M]. 人民邮电出版社：2016（1）：82—86.

司或者其他创客空间的老师担任流动指导教师。

在这些基础上，温州中学研发出一系列相对完整的创客课程群，以培养学生综合运用学科知识，理解并改造物理世界的能力，具备对技术工程设计与开发过程的理解能力。这些课程也充分体现出跨学科的特色，如"数学视界下的 3D 打印技术""基于数字传感器的物理实验""走进生活中的 3S 技术"等等。

温州中学的创客空间是对学校正式教育的补充，让学生课程所学有用武之地。而当学生可以释放自己的想象力，创意作品也就随之而来。

2. 常州虹景小学创客课程基地[①]

常州虹景小学的创客教育探索集中在研发适合中小学的"Scratch"课程上，并尝试建立一套适合中小学阶段的立体创客教育课程体系。课程体系从年级的角度分为低年级电子工坊课程、中年级 3D 工坊课程以及高年级传感世界课程三个阶段。每个阶段包含若干需要完成的主题，如"好玩的 Scratch""猫鼠大战"等等。同时从适用角度将课程细化为普适课程、特长课程和精英课程三个层次，在兼顾普及创客教育的同时为学有余力的学生提供更高难度的选择。

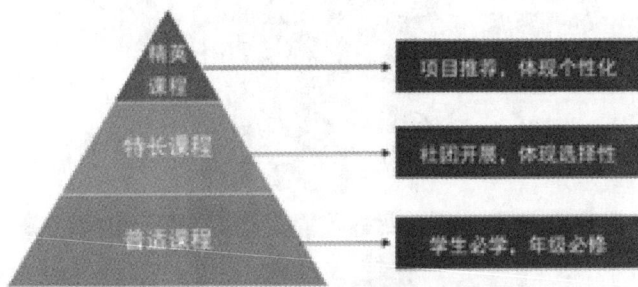

图 2.4 虹景小学创客教育课程体系

3. 深圳二高创客空间[②]

深圳第二高级中学（以下简称"深圳二高"）是国内最早开设创客空

---

① 梁森山.中国创客教育蓝皮书（基础教育版）[M].人民邮电出版社：2016（1）：88–95.
② 梁森山.中国创客教育蓝皮书（基础教育版）[M].人民邮电出版社：2016（1）：95–102.

间的中小学校之一。这来源于其独特的地理位置和乐衷创意分享的校园氛围。深圳二中在柴火空间的支持下，先后开设 3D 打印技术、智能物联、盛思 Arduino 入门、机械搭建与工具应用等校本课程，从而开始"社团+选修课程"的创客教育模式。深圳二高在多年实践的基础上形成"卡拉 OK"式的创客空间。包括曲目（丰富多彩的开源库）；娱乐（游戏化学习，做中学，自我价值实现）；协作（志趣相投的一群同学共同学习、合作完成项目）；分享（开源精神）。

　　学生来到"卡拉 OK"式的创客空间，就像一群志趣相投的伙伴走进卡拉 OK 厅，在愉快的环境中体验创客，自主选择素材，自主去构建，自己制订计划、协同合作，自主安排学习节奏，互教互学，分享成功与喜悦。这种"卡拉 OK"式的创客空间生态，充分激发了学生学习的兴趣和主动性，让创客空间成为思想交汇的场所、思维碰撞的研究室、批判性思维展示的平台、手脑并用的休闲游戏间，创客空间成为学生向往的地方。

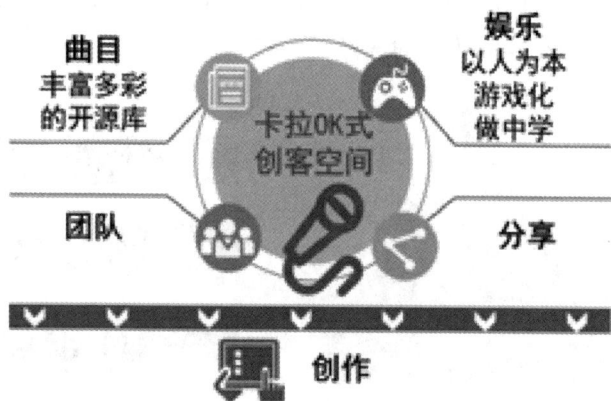

图 2.5　深圳二高卡拉 OK 创客空间

　　深圳二高的创客空间注重开源、协作和分享，创客精神散落在校园各个角落。学校的大力支持催生一系列优秀的创客项目，如"溺水SOS""模块化智能水杯""二维码开锁"等等。

　　开展创客教育探索的并不只有以上这些学校，创客教育先驱们为后来者提供极为可贵的参考。而无论是站在教育的角度看创客，还是以创客的方式实现教育，创客教育的目标的落脚点都在于培养学生的创造意识和创新能力。这是对当前传统教育中学生学习方式、创新意识培养方式的一次变革。可以说，创客教育本身就是一次"创客"，而教师必将比学生更先接受这次"创客"挑战。

三、STEM 教育、创客教育与乐高教育的关系

STEM 教育、创客教育以及乐高教育，三者都是近年来兴起的教育热词，也是当前中小学教育改革的取向或者尝试。STEM 教育是创客教育和乐高教育的发展背景，创客教育和乐高教育也是独特的 STEM 教育形式之一。创客教育与乐高教育也相互交叉，甚至同一教学实践既可以是创客教育，同时又是乐高教育。三者的联系可见一斑。首先，三者都遵循杜威"做中学"的学习理念以及建构主义学习理论，主张让学生动手实践，发展解决问题等综合能力。其次，三者的提出都是对传统教育和传统课堂的变革，反对单纯讲授式的教学模式，提倡以项目或问题为中心的探究学习模式。再次，三者的发展都依托高度发展的信息技术手段，重视沟通和协作交流，追求普及化的教育形式。最后，三者的相似性还在于它们"跨学科"的属性。当然，三者有很多不同之处，对三者的辨析如表中所示。

表 2.9　STEM 教育、创客教育、乐高教育的比较

	STEM 教育	创客教育	乐高教育
源起	国家机构发起，自上而下	社会发起，自下而上的	企业发起，国家机构推动
学科属性	既强调学科内部发展，也注重跨学科的融合	跨学科	既强调学科内部发展，也注重跨学科的融合
情境性	强调教师预设的学习情境	强调触发学生自主发现的问题情境	强调教师有趣的现实问题情境
技术支持	非必需	需要开源硬件和开源软件	乐高教具

	STEM 教育	创客教育	乐高教育
产出要求	非必需	需要	需要，还必须成品描述
培养目标	STEM 素养； 跨学科思维能力； 解决问题的综合能力	独立的创造思维； 解决问题的综合能力	知识建构； 反省性思维； 解决问题的综合能力
常用学习 /教学模式	"5E""6E" 教学模式； PBL 的 ASSURE 教学模式； PLTW 的 APPB 教学模式； DMP 参与式学习	体验教育； 创新教育； 项目学习法； DIY 理念	4Cs 学习模式
教师角色	引导者	支持者	引导者

第三章

乐高教育本土化的 STEM 教学案例

一、使用乐高教具/学具 WeDo 2.0 的教学案例

案例 1：最坚固的建筑物（小学科学）

学段学科

小学六年级科学课（地震）

课程标准

◆ 人类生存需要防御各种灾害，人类活动会影响自然环境（了解地震等自然灾害对人类的影响，知道抗震防灾的基本常识）；

◆ 工程是以科学和技术为基础的系统性工作（了解一项工程需要由多个系统组成，如建造住宅需要考虑结构）。

1. 教材与知识点

六年级校本课程《防范自然灾害》知识点：

◆ 地震的破坏作用。

◆ 怎样减少地震的破坏程度。

◆ 科学实验方法。

2. 学习目标

（1）知识与技能

◆ 能说出地震的危害。

◆ 能模拟地震来对不同的结构进行实验。

◆ 能观察到并能表述重心高低和稳固的关系。

◆ 能用数据来论证并表述结论。

（2）过程与方法

◆ 经历分析问题，寻求答案的过程。

◆ 体验科学探究的过程，运用科学探究的方法。

（3）情感态度与价值观

◆ 培养热爱科学兴趣以及对科学探究的严谨精神。

◆ 培养与他人合作共事的良好习惯。

嵌入的 STEM 学习元素

◆ 科学：地震及其危害，建筑结构，重心，计算机程序，实验方法

◆ 技术：传动臂，圆周运动转换成来回运动，编程，循环结构

◆ 工程：确定项目问题，解决问题

◆ 数学：数的大小，递增

教学策略与教学方法

本课要求学生通过自主探究性学习的方法，使用乐高教育学具 WeDo 2.0 的硬件和软件，探究什么结构的房子在摇晃中不容易倒下来。因为 WeDo 2.0 的软件提供了搭建摇晃结构和房子结构的具体指引，所以学生的探究活动主要集中在实验的过程中，期待学生能够找出"低矮的结构（重心低）和与底板有较多卡接的结构不容易倒下来"这样的规律。在探究活动的拓展阶段，要求学生设计和搭建有一定的高度，但不容易倒下来的结构，期待学生能够运用低重心这个规律来搭建不容易倒下来的结构，从而让学生经历从实践到理论，又从理论到实践的探究问题的过程，体验从发现知识到运用知识的乐趣，培养和提高学生分析问题、解决问题的能力。

本教案参照 5Fs 教学设计的原则，对教学设计做了以下安排：

◆ Fact：以上述学习要求为目标，重点围绕课程标准规定的知识点开展学习活动。

◆ Facilitate：采用研究性学习的方式，用任务驱动的教学策略开展

教学；针对重点和难点，老师给予学生必要的启发和引导，比如对 WeDo 2.0 程序的编程构件的解释。

◆ Fun：结合地震这个新闻热点，用"什么房子最能抗震"为案例，紧密联系现实来让学生开展探究活动，给学生较大的挑战，激发学生的学习欲望。

◆ Flow：本教案实际设计了两个任务：第一个任务采用观察实验的探究方法，学生比较容易实现。第二个任务要求学生创新，以此增加了任务的难度，实现难度递增。

◆ Four Cs：按照下面的四个步骤设计学生的学习活动：联系（Connect）、建构（Construct）、深究（Contemplate）、拓展（Continue）。

教学/学习过程

1. 联系

用图片来引导学生：

地震是一种可怕的灾害。地震造成的人员伤亡主要是因为建筑物倒塌。而地震发生时，有些房子倒塌了，有些却仍然屹立不倒，那是为什么呢？

图 3.1　地震后的房屋

让我们用乐高教具 WeDo 2.0 来模拟地震和房子，探究什么样的建筑结构最能抗震。

2. 建构

要求学生：

启动 iPad 上的 WeDo 2.0 软件，选择《最坚固的建筑物》主题，打开搭建指引，按照指引搭建下面的地震模型和房子模型：

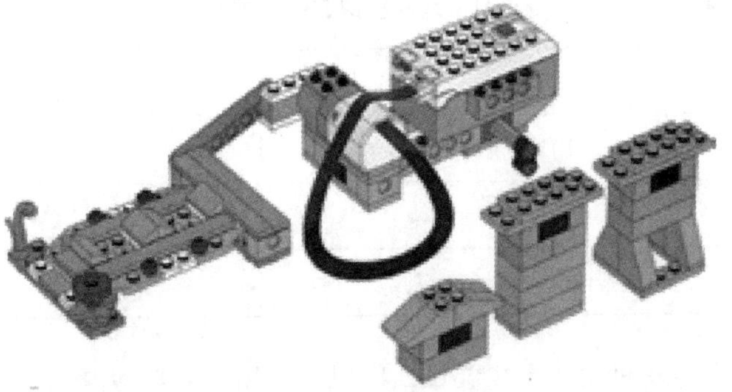

图 3.2　WeDo 2.0 软件界面截图

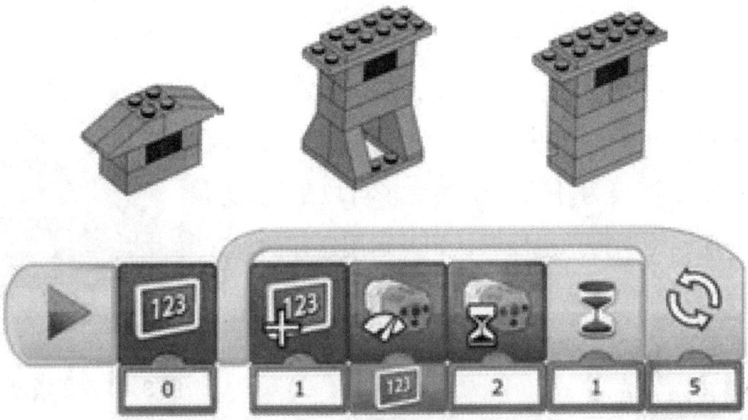

图 3.3　WeDo 2.0 软件界面截图

3. 深究

指导学生：

（1）分析三种房子的结构：

地基一般的矮房子；

地基一般的高房子；

地基较牢固的高房子。

（2）按照指引，编写下面的程序：

（3）把不同的房子放在模拟地震带上，然后运行程序，必要时增加循环次数，观察并记录地震震到哪个级别房子倒下来。

表 3.1　地震模拟实验数据记录

建筑类型	抗震级别
地基一般的矮房子	
地基一般的高房子	
地基牢固的高房子	

提醒学生每种房子至少尝试 3 次以上，然后取平均值。

（4）做出结论：＿＿＿＿＿＿＿＿＿＿＿＿＿＿＿的房子抗震性能较好。

4. 拓展

比赛：四名学生一组，每组尝试搭建可以抵抗 10 级地震的超级坚固的房子，房子的高度要达到 5 厘米（五层）以上。

各小组汇报为什么本组的房子可以抵抗高强度的地震（期待学生能够认识并运用这样的规律：与地基有更多卡接（但不能咬合），并且上轻下重的房子抗震性能最好）。

图 3.4　房屋搭建示例

5. 总结与反思

学生对照下面的评价标准做自我评价（可以在课后完成）。

表 3.2　《最坚固的建筑物》学生自我评价标准

评价类别	评价内容	反思			
		好	一般	不足	自我评价
联系	◆ 了解地震及其危害				
	◆ 明确探究目标，知道需要寻找什么答案				
	◆ 理解探究方案的原理、方法和步骤				

评价类别	评价内容	反思			自我评价
		好	一般	不足	
建构	◆ 能够独立完成地震模拟装置的搭建				
	◆ 知道将圆周运动转换成来回运动的原理，并能够按照指引完成这种结构的搭建				
	◆ 能正确将蓝牙传输器连接到 iPad 平板电脑上				
深究	◆ 懂得"地基牢固"与"不牢固"的原理，并能够正确使用这些"房子"做探究实验				
	◆ 能理解 WeDo 2.0 编程软件的基本构件的作用，并能按照实际需要正确设置构件的属性				
	◆ 能按照指引完成程序的编写				
	◆ 能很好地完成实验，正确记录实验结果				
	◆ 能够根据实验结果，得出合理的结论，并能够正确地阐述结论				
	◆ 能对误差做出合理的分析和解释				
拓展	◆ 能根据探究目标和在深究活动中得到规律，设计出合理的"房子"，并能够解释自己设计的"房子"为什么牢固				
	◆ 能够在比赛后解释自己赢了还是输了的原因				
其他	◆ 能和其他同学很好合作，在探究活动中互相协商，分工配合，完成任务				
	◆ 积极大胆地与其他同学分享探究成果				
	◆ 遇到困难和问题时，能积极想办法解决				
我的收获					
我要提升					

案例 2：赛车速度（小学数学）

学段学科

小学三年级数学课（统计与概率）

课程标准

◆ 对数据的收集、整理、描述和分析过程有所体验。

◆ 能根据简单的问题，使用适当的方法（如计数、测量、实验等）收集数据，并将数据记录在统计表中。

◆ 通过丰富的实例，了解平均数的意义，会求简单数据的平均数。

◆ 对一些简单事件发生的可能性作出描述，并和同伴交换想法。

1. 教材与知识点

人教版三年级数学下册第三单元：

◆ 理解平均数的含义，给出一组数据会求它们的平均数。

◆ 能根据表中的内容进行简单的数据分析。

◆ 能够综合运用统计知识解决时间、路程和速度的有关问题。

2. 学习目标

（1）知识与技能

◆ 能使用实验与测量方法完成简单的关于动力、时间、路程的数据收集，并能正确记录数据。

◆ 能正确计算平均数，并能运用平均数来预测尚未发生的事件。

◆ 能运用通过统计得来的关于动力、时间和路程的关系规律来按要求匹配路程、动力、时间。

（2）过程与方法

◆ 体验数据的收集、整理、描述和分析的过程。

◆ 训练通过数据统计来分析问题和解决问题的技能。

◆ 复习乘除法运算。

（3）情感态度与价值观

◆ 培养热爱科学兴趣以及对科学探究的严谨精神。

◆ 培养与他人合作共事的良好习惯。

嵌入的 STEM 学习元素

科学：汽车，速度，科学实验，计算机编程

技术：结构搭建，皮带传动，顺序流程编程，测量

工程：实验项目的设计，问题求解

数学：求平均数、最大值、最小值

教学策略与教学方法

本课要求学生通过自主探究性学习的方法，使用乐高教育学具 WeDo 2.0 的硬件和软件，探究汽车动力、行驶时间、路程之间的关系。因为 WeDo 2.0 的软件提供了搭建赛车的具体指引，所以学生的探究活动主要集中在实验的过程中，期待学生能够通过实验，对动力、时间、路程的关系做量化分析，用具体数据来说明它们之间的关系。在探究活动的拓展阶段，通过要求学生完成一个路程、动力和时间匹配的任务，期待学生能够将所发现的规律运用于解决问题上，同时拓展活动设置了两项任务，先是有限制地运用知识，然后是开放性地运用知识，从而让学生经历从实践到理论，又从理论到实践的探究问题的过程，体验从发现知识到运用知识的乐趣，培养和提高学生分析问题、解决问题的能力。

本教案参照 5Fs 教学设计的原则，对教学设计做了以下安排：

◆ Fact：以上述学习要求为目标，重点围绕课程标准规定的知识点开展学习活动。

◆ Facilitate：采用研究性学习的方式，用任务驱动的教学策略开展教学；针对重点和难点，老师给予学生必要的启发和引导，比如对 WeDo 2.0 程序的编程构件的解释。

◆ Fun："运动"是孩子们喜欢观察的现象，所以本教案利用孩子的喜好，并对这个喜好加以引导，激发学生的学习欲望。

◆ Flow：本教案实际设计了两大项任务：第一项任务采用观察实验的探究方法，通过收集数据做分析，学生比较容易实现。而拓展任务有两个子任务：（1）要求学生运用探究得来的动力和速度关系的知识完成任务，难度有所增加；（2）是开放性的任务，有多种设置方式，难度更大，以此增加了任务的难度，实现难度递增。

◆ Four Cs：按照下面的四个步骤设计学生的学习活动：联系（Connect）、建构（Construct）、深究（Contemplate）、拓展（Continue）。

教学 / 学习过程

1. 联系

用图片来引导学生：

汽车是我们生活中不可缺少的交通工具。赛车是汽车的一种，用于体育竞赛。

图 3.5 赛车

我们经常坐汽车，但是我们知道汽车的动力和速度有什么关系吗？速度就是在一定时间内汽车所走过的路程。我们现在就用乐高学具 WeDo 2.0 来模拟赛车，探究汽车的动力、时间和路程之间的关系。

2. 建构

要求学生（2 到 3 人一组）：

启动 iPad 上的 WeDo 2.0 软件，选择《速度》主题，打开搭建指引，按照指引搭建下面的模拟赛车：

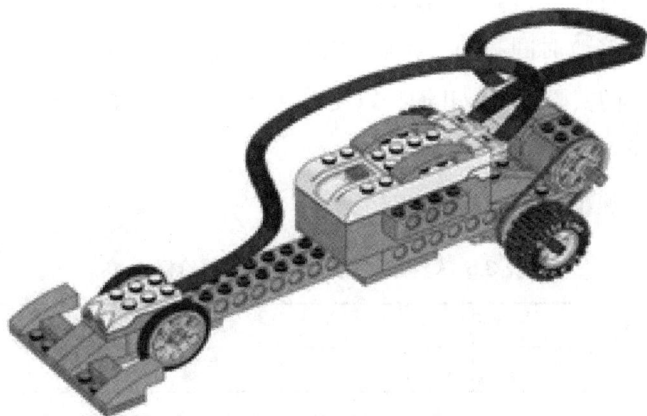

图 3.6 乐高模拟赛车

3. 深究

指导学生：

为了找出动力、时间和路程的关系，我们需要下面的数据：

表 3.3 赛车模拟实验数据记录

路程（厘米） 时间 动力	1秒	2秒	3秒	4秒	5秒	6秒
3						
4						
5						
6						
7						
8						

①编写程序，通过实验得出上述数据。期待学生能够自己编写出下面的程序：

②分别修改时间和动力，运行程序，测量距离，做好记录（提示学生每个设置的实验都要做几遍，以便得到更加准确的数据）。

③分析

◆ 平均速度是：

表 3.5 《赛车速度》学生自我评价标准

动力	3	4	5	6	7	8
平均速度（厘米/秒）						

◆ 动力每增加 1，平均速度的最小增量是 ＿＿＿＿，最大增量是 ＿＿＿＿，平均增量是 ＿＿＿＿。

◆ 当动力为 10 时，平均速度最可能是 ＿＿＿＿ 厘米/秒。

4. 拓展

任务 1）：设定 10 为动力，设定多少时间让我们的赛车走完大约 1 米的路程（最多不能超过 1.2 米）？

任务 2）：用什么动力和设定多少时间，让我们的赛车大约走完 2 米的路程？

5. 总结与反思

学生对照下面的评价标准做自我评价（可以在课后完成）。

学生自我评价标准

评价类别	评价内容	反思			自我评价
		好	一般	不足	
联系	知道运动是一种普遍现象，知道运动具备三个基本要素：时间、距离、速度				
	明确探究目标，知道需要寻找什么答案				
	理解探究方案的原理、方法和步骤				

续表

评价类别	评价内容	反思			自我评价
		好	一般	不足	
建构	能够独立完成赛车的搭建				
	知道皮带传动的原理，并能很好地完成传动的搭建				
	知道运动传感器的工作原理，并能够正确地安装运动传感器				
深究	知道为了实现探究目标，需要什么数据，并知道哪些数据我们可以通过设置得到，哪些数据要在实验中测量得到				
	能理解 WeDo 2.0 编程软件的基本构件的作用，并能按照实际需要正确设置构件的属性				
	能按照指引完成程序的编写				
	能很好地完成实验，正确记录实验结果				
	能够正确计算实验结果的数据，得出统计结果，由此得到结论				
	根据赛车的实验情况，知道随机事件的含义，并能运用概率的概念，得出比较合理的结果				
	能对误差做出合理的分析和解释				
拓展	能正确运用动力和速度的关系以及速度公式，完成拓展任务 1				
	知道拓展任务 2 是开放性的任务，可以有多种设置方法				
	在完成拓展任务 2 时，尝试两种以上的设置				
其他	能和其他同学很好合作，在探究活动中互相协商，分工配合，完成任务				
	积极大胆地与其他同学分享探究成果				
	遇到困难和问题时，能积极想办法解决				
我的收获					
我要提升					

二、使用乐高教具 / 学具 9686 科学与技术套装的教学案例

案例 1：惯性小车（小学科学）

学段学科

小学六年级科学课（惯性与摩擦力）

课程标准

物体运动的改变和施加在物体上的力有关。

有的力直接施加在物体上，有的力可以通过看不见的物质施加在物体上。

1. 教材与知识点

人教版六年级科学上册（第 12 课）知识点：

◆ 物体运动的性质；

◆ 物体运动与作用力，可见与不可见作用力。

2. 学习目标

（1）知识与技能

◆ 能够举例说明惯性的存在（比如说为什么球体滚下坡后还能够继续往前滚动）。

◆ 用体验的方式发现越重的物体惯性越大的规律。

◆ 能通过实验发现摩擦力的一般特点及其对物体运动的影响。

（2）过程与方法

◆ 体验科学探究的过程，运用科学探究的方法。

◆ 训练对科学探究的严谨精神。

（3）情感态度与价值观

◆ 培养热爱科学兴趣以及对科学探究的严谨精神。

◆ 培养与他人合作共事的良好习惯。

嵌入的 STEM 学习元素

科学：惯性，动能，科研方法

技术：搭建，测量

工程：确定项目问题，解决问题

数学：求平均数、最大值、最小值

教学策略与教学方法

本课要求学生通过自主探究性学习的方法，使用乐高教育学具 9686 科学与技术套装，探究惯性现象，找出影响惯性大小的因素。因为 9686 套装提供了搭建惯性小车的具体指引，所以学生的探究活动主要集中在实验的过程中，期待学生能够通过实验，观察到影响惯性大小的主要因素，并通过观察大小轮子影响滑行距离的现象，了解摩擦力大小对于惯性作用的影响。在探究活动的拓展阶段，通过要求学生利用惯性和摩擦力的原理来搭建能滑行最远的惯性小车，从而让学生经历从实践到理论，又从理论到实践的探究问题的过程，体验从发现知识到运用知识的乐趣，培养和提高学生分析问题、解决问题的能力。

本教案参照 5Fs 教学设计的原则，对教学设计做了以下安排：

◆ Fact：以上述学习要求为目标，重点落在课程标准规定的知识点上。

◆ Facilitate：采用研究性学习的方式，用任务驱动的教学策略开展教学，使学生在老师的引导下，通过自主研究发现规律，并运用规律来解决问题，以便加深对所学知识的理解。

◆ Fun："运动"是孩子们喜欢观察的现象，所以本教案利用孩子的喜好，并对这个喜好加以引导，同时拓展活动采用比赛的方式，激发学生的创新思维，提高学生的学习兴趣。

◆ Flow：本教案实际设计了两个任务：第一个任务是实验观察法的

任务，相对来说学生比较容易完成；第二个任务是知识的运用，需要学生运用创新思维，增加了难度，以此实现难度递增。

◆ Four Cs：按照下面的四个步骤设计学生的学习活动：联系（Connect）、建构（Construct）、深究（Contemplate）、拓展（Continue）。

教学／学习过程

1. 联系

用图片来引导学生：

我们坐车遇到突然刹车，为什么身体会往前倾？为什么自行车下坡后还能继续向前滑行？对，那是因为物体有惯性。

图 3.7　物体的惯性

我们在生活中经常要利用惯性：

图 3.8　生活中的惯性"

我们知道，所有物体都有惯性。物体越重（质量越大），它的惯性就越大。我们就用乐高的 9686 科学与技术套装搭建一辆惯性小车，用它探讨惯性和摩擦力对小车滑行的影响。

2. 建构

要求学生（2 到 3 人一组）：

图 3.9　乐高惯性小车示例

按照 9686 科学与技术套装里面的搭建手册，搭建惯性小车。

3. 探究

指导学生：

让惯性小车从斜坡上下滑，然后测量小车滑行的距离。

给小车加上重物，或把小轮子换成大轮子，重新下滑（每种情况多尝试几次），做好记录：

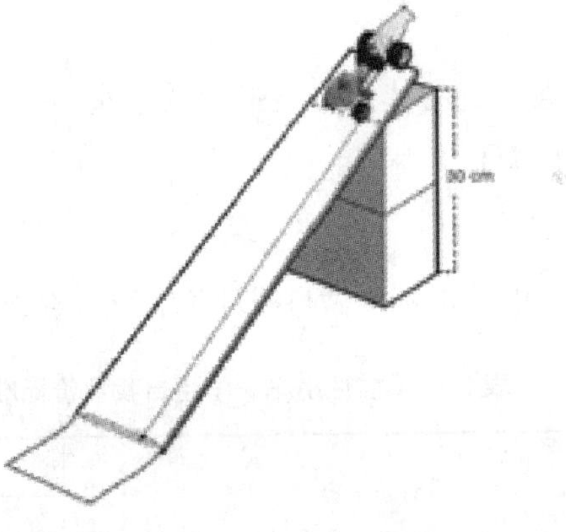

图 3.10　乐高惯性小车实验示意图

图片来源：乐高教育教师指南

表 3.6　惯性小车模拟实验数据记录

各组汇报实验情况，尝试解释为什么额外加重的小车和大轮子的小车滑行更远。（因为加重后小车的质量（重量）更大，因此惯性更大，所以下滑后滑行更远；轮子大了，角速度降低了，轮轴与轴承之间的摩擦力减小了，所以也滑行更远。）

4. 拓展

小组竞赛：各小组搭建能滑行最远的小车——可以使用任何方式改装小车，目的是加大其下滑后的惯性，同时想办法减小摩擦力。

5. 总结与反思

学生对照下面的评价标准做自我评价（可以在课后完成）。

表 3.7　《惯性小车》学生自我评价标准

评价类别	评价内容	反思			
		好	一般	不足	自我评价
联系	了解生活中的惯性现象，并知道一些惯性利用的例子				
	明确探究目标，知道需要寻找什么答案				
	理解探究方案的原理、方法和步骤				

续表

评价类别	评价内容	反思			自我评价
		好	一般	不足	
建构	能够独立完成滑行小车的搭建				
	知道皮带传动和齿轮传动的原理，并能正确完成传动结构的搭建				
	知道 90° 角齿轮能够改变转动面的原理，并能够正确搭建这种结构				
	知道摩擦力对小车滑行的影响，并有意识地设法减少摩擦力				
深究	能正确测量小车的滑行距离，并做好记录				
	理解多次试验的意义，并能正确求出平均值				
	能够通过实验观察到物体本身的重量对小车滑行距离的影响，并能理解和阐述这种影响的原因是由于惯性作用的结果				
	能够通过实验观察到小车轮子大小对小车滑行距离的影响，并能理解和阐述这种影响的原因是由于角速度的快慢造成摩擦力大小变化的结果				
拓展	能够采用有效办法增加小车下滑的惯性				
	能够采用有效办法减小小车的摩擦力				
	在增加惯性和减小摩擦力方面有创新办法				
	能够合理解释在比赛中自己为什么赢了或输了				
其他	能和其他同学很好合作，在探究活动中互相协商，分工配合，完成任务				
	积极大胆地与其他同学分享探究成果				
	遇到困难和问题时，能积极想办法解决				
我的收获					
我要提升					

案例2：沙滩艇（小学数学）

❀ 学段学科

小学六年级数学课（三角形面积）

❀ 课程标准

◆ 体验从具体情境中抽象出数的过程；掌握必要的运算技能；理解估算的意义。

◆ 探索一些图形的形状、大小和位置关系，了解一些几何体和平面图形的基本特征。

◆ 经历数据的收集、整理和分析的过程，掌握一些简单的数据处理技能。

◆ 能探索分析问题、解决问题的有效方法，了解解决问题方法的多样性。

◆ 能借助于数字计算器解决简单的计算问题。

◆ 能初步判断结果的合理性，经历回顾与分析解决问题过程的活动。

1. 教材与知识点

人教版六年级数学上册（第6单元）知识点：

◆ 计算三角形面积。

2. 学习目标

（1）知识与技能

◆ 能正确计算三角形的面积。

◆ 能发现并会描述风帆面积与小车行驶距离的规律。

◆ 能用数据来论证结论。

（2）过程与方法

◆ 复习平均数、倍数的计算。

◆ 体验科学探究的过程，运用科学探究的方法。

◆ 训练对科学探究的严谨精神。

（3）情感态度与价值观

◆ 培养热爱科学的兴趣以及对科学探究的严谨精神。

◆ 培养与他人合作共事的良好习惯。

嵌入的 STEM 学习元素

科学：风力，面积，距离，科学测量，定量论证

技术：小车结构，风帆搭建，测量技术

工程：确定项目问题，解决问题

数学：计算三角形面积，计算平均数和倍数，函数

教学策略与教学方法

本课要求学生通过自主探究性学习的方法，使用乐高教育学具 9686 科学与技术套装，探究风帆面积、形状与其受风力的关系。因为 9686 套装提供了搭建惯性小车的具体指引，所以学生的探究活动主要集中在实验的过程中，期待学生能够通过实验，找出风帆面积大小对其受风力的影响，并用数据和图形来表达它们的关系，同时也了解风帆的形状是否影响其受风力。在探究活动的拓展阶段，通过要求学生能够运用探究所得到的规律来预测不同风帆面积的受风力的情况，从而让学生经历从实践到理论，又从理论到实践的探究问题的过程，体验从发现知识到运用知识的乐趣，培养和提高学生分析问题和解决问题的能力。

本教案参照 5Fs 教学设计的原则，对教学设计做了以下安排：

◆ Fact：以上述学习要求为目标，重点落在课程标准规定的知识点上。

◆ Facilitate：采用研究性学习的方式，用任务驱动的教学策略开展教学，使学生在老师的引导下，通过自主研究发现规律，并运用规律来解决问题，以便加深对所学知识的理解。

◆ Fun：用今天学生很少见到的风帆船为案例，激发学生的好奇心，提升学生的学习兴趣

◆ Flow：本教案实际设计了两个任务：第一个任务用归纳法来探究，第二个任务用演绎来探究，增加了难度，以此实现难度递增。同时，在学生探究学习的过程中，老师也会针对学生的学习难点给予必要的指导和支持，比如坐标图的制作。

◆ Four Cs：按照下面的四个步骤设计学生的学习活动：联系（Connect）、建构（Construct）、深究（Contemplate）、拓展（Continue）。

教学 / 学习过程

1. 联系

用图片来引导学生：

帆船靠什么做动力来行驶？

不错，帆船靠风力来行驶。但我们知道风吹风帆有什么规律吗？

我们用乐高学具 9686 科学与技术套装来搭建一辆风帆小车，用以探究下面的问题：

图 3.11　帆船

◆ 风帆面积的大小对小车行驶距离有什么影响？规律是什么？

◆ 风帆的形状对小车行驶的距离有影响吗？

2. 建构

要求学生按照 9686 科学与技术套装里面搭建手册的"沙滩艇"的搭建指引，搭建风帆小车。教师准备好风扇。

图 3.12　乐高模拟沙滩艇

3. 深究

指导学生：

（1）计算大中小三种风帆的面积（因为乐高教具的风帆是圆角的，所以指导学生计算面积时，通过延长边线来计算出大致的面积。学生计算的风帆面积也可能有误差）。

（2）开始实验，做好记录

表 3.8 沙滩艇模拟实验数据记录

风帆类型	面积（平方厘米）	测量的行驶距离（厘米）			
		第 1 次	第 2 次	第 3 次	平均数
小					
中					
大					

（3）得出结论

面积越大，受风力越强，小车行驶的距离越远（所以古代帆船上面挂了很多帆，目的就是增加帆的面积）。

中风帆面积是小风帆面积的____倍，中风帆车行驶距离是小风帆车行驶距离的____倍。

大风帆面积是小风帆面积的____倍，大风帆车行驶距离是小风帆车行驶距离的____倍。

图 3.13 古代帆船

大风帆面积是中风帆面积的____倍，大风帆车行驶距离是中风帆车行驶距离的____倍。

思考：为什么风帆大一倍，而行驶距离没有大一倍呢？（因为随着小车离风扇越来越远，风力越来越弱，风作用于风帆的力度也就越来越小，从而由于风帆面积差异所造成的受风力的差异也越来越小。当风力完全消失时，不管风帆大小都会在基本相同的地方停下来。）

（4）指导学生用坐标图将风帆面积和风帆车行驶距离的关系表示出来（如右图所示。由于风力不同，学生得到的结果与右图不一定相同）。

（5）检验风帆的形状会不会影响受风力的结果：使用两片小风帆（面积和中风帆相等）来测试（可参考附录 1：小风帆搭建指引）。

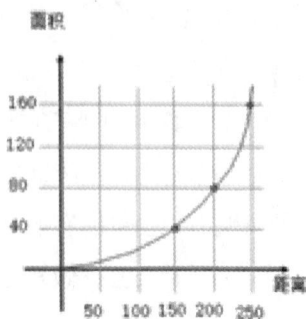

图 3.14　风帆面积与风帆车行驶距离关系图

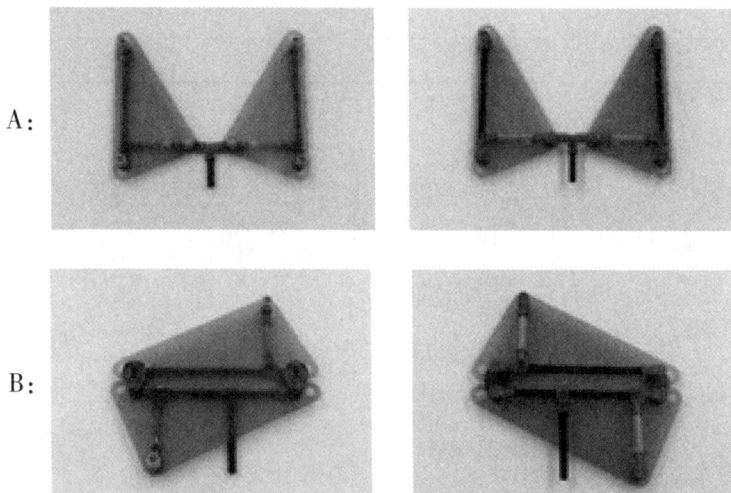

做好测试记录：

表 3.9　两片小风范沙滩艇模拟实验数据记录

风帆类型	测量的行驶距离（厘米）			
	第 1 次	第 2 次	第 3 次	平均数
A				
B				
中风帆				

（6）预期学生通过实验，发现风帆形状不影响受风力的情况，行驶距离基本一样。

4.拓展

假定风帆的面积是 120 平方厘米，预测其行驶的距离有多长。然后对预测进行验证（一张小风帆和一张中风帆的面积加起来是 120 平方厘米）。

引导学生在坐标图上面大致估测小车行驶的距离。

5.总结与反思

学生对照下面的评价标准做自我评价（可以在课后完成）。

表 3.10 《沙滩艇》学生自我评价标准

评价类别	评价内容	反思			
		好	一般	不足	自我评价
联系	了解了风对于帆船或风帆车的作用				
	明确探究目标，知道需要寻找什么答案				
	理解探究方案的原理、方法和步骤				
建构	能够独立完成风帆车的搭建				
	知道摩擦力对风帆车的影响，并有意识地设法减小摩擦力				
	知道怎样安装风帆使得风帆能够最大程度地接受风力				
	会根据探究目标设计和搭建不同形状的风帆				
深究	能正确计算风帆的面积				
	能通过多次尝试，得到比较可靠的测量风帆车行驶距离的数据				
	能够正确计算实验数据，得到不同风帆的差异倍数和对应的风帆车行驶距离的倍数				
	能够在老师的指导下，正确使用坐标图来表示风帆面积和风帆车行驶距离的关系，并解释这个坐标图				
	能够根据探究目标的要求，针对不同形状的风帆对受风力影响的预测来设计探究方案				
	能对探究结果做出合理的解释				
	能对误差做出合理的分析和解释				

续表

评价类别	评价内容	反思			
		好	一般	不足	自我评价
拓展	能根据探究目标，设计使用什么风帆的方案				
	能在老师的启发下，使用坐标图对风帆车的行驶距离做出合理的预测				
	能够通过实验，对预测进行验证				
其他	能和其他同学很好合作，在探究活动中互相协商，分工配合，完成任务				
	积极大胆地与其他同学分享探究成果				
	遇到困难和问题时，能积极想办法解决				
我的收获					
我要提升					

案例 3：滑轮（初中物理）

学段学科

初中八年级物理课（滑轮）

课程标准

主题二，（二）机械运动与力，1.3 通过常见事例或实验，了解重力、弹力和摩擦力。认识力的作用效果。能用示意图描述力。会测量力的大小。知道二力平衡条件。了解物体运动状态变化的原因。

1. 教材与知识点

人教版八年级物理下册（第 12 章第 2 节）知识点：

◆ 功与功率；

◆ 滑轮结构；

◆ 各种滑轮结构的性质。

2. 学习目标

（1）知识与技能

◆ 能在老师指导下，以小组合作方式完成研究滑轮特性的实验。

◆ 能发现并会描述定滑轮、动滑轮、一个定滑轮和一个动滑轮组成的滑轮组的特性。

◆ 会用数据来论证结论。

（2）过程与方法

◆ 体验科学探究的过程，运用科学探究的方法。

◆ 训练对科学探究的严谨精神。

（3）情感态度与价值观

◆ 培养热爱科学的兴趣以及对科学探究的严谨精神。

◆ 培养与他人合作共事的良好习惯。

嵌入的 STEM 学习元素

科学：滑轮结构，力，功和功率，科学实验

技术：稳固结构的设计，测量技术

工程：确定实验目标，设计实验过程

数学：方程式

教学策略与教学方法

本课要求学生通过自主探究性学习的方法，使用乐高教育学具 9686 科学与技术套装做物理实验，探究滑轮和滑轮组的特点。学生需要根据实验要求来搭建不同的滑轮结构，然后通过实验来探究滑轮结构在是否省力和是否改变拉力方向这两个方面的性质，从而认识滑轮结构在生产生活中的作用。在探究活动的拓展阶段，通过要求学生进行量化实验和分析，找出滑轮组拉力的计算公式，培养学生自主探究问题的技能，提高学生分析问题、解决问题的能力。

本教案参照 5Fs 教学设计的原则，对教学设计做了以下安排：

◆ Fact：以上述学习要求为目标，重点落在课程标准规定的知识点上。

◆ Facilitate：采用研究性学习的方式，用任务驱动、探究性学习的教学策略开展教学，使学生在老师的引导下，通过自主研究来验证定律，并探讨更加复杂的问题，寻找规律并用公式表达规律，以便加深对知识的理解。

◆ Fun：用学生常见的例子来引发学生的学习兴趣，激发学生的好奇心，提升学生的学习积极性。

◆ Flow：本教案实际设计了两个任务：第一个任务探究基本的滑轮结构，比较简单，学生容易完成。第二个任务探究复杂的滑轮组，同时要求学生找出规律并表达规律，增加了难度，以此实现难度递增。同时，在学生探究学习的过程中，老师也会针对学生的学习难点给予必要的指导和支持，比如怎样用公式来表达滑轮组各变量的关系。

◆ Four Cs：按照下面的四个步骤设计学生的学习活动：联系（Connect）、建构（Construct）、深究（Contemplate）、拓展（Continue）。

🎋 教学 / 学习过程

1. 联系

用图片来引导学生：

在我们的日常生活中和生产活动中，经常要用到滑轮和滑轮组。

图 3.15　滑轮

用滑轮或滑轮组有什么好处呢？让我们用乐高学具 9686 科学与技术套装来搭建实验设备，然后通过实验来探讨有关滑轮的知识。我们主要先探究滑轮的三种基本使用方法——定滑轮、动滑轮、基本滑轮组，然后再探究更复杂的滑轮组。

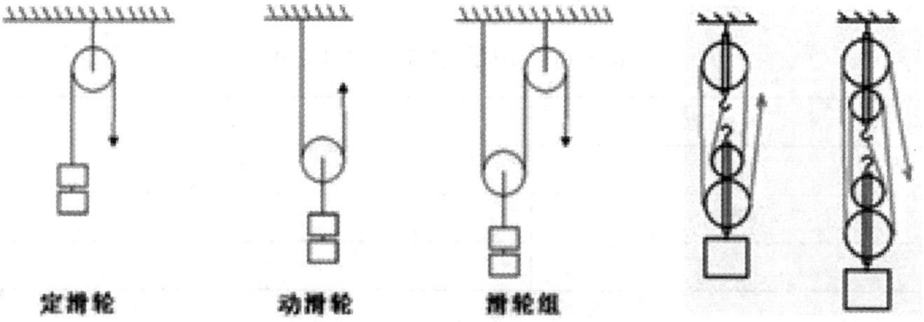

定滑轮　　　　动滑轮　　　　滑轮组

图 3.16　不同形式的滑轮组

我们要探究的问题是：

什么结构的滑轮或滑轮组省力？如果省力，省多少？如果不省力，使用滑轮有什么作用？

2. 建构

二到三人一个小组，要求学生根据给出的滑轮结构，使用乐高学具 9686 科学与技术套装，设计并搭建滑轮结构。教师准备好电子秤或弹簧秤。例如（期待学生能够搭建出类似的滑轮结构）（可参考附录 2：滑轮搭建指引）：

图 3.17　乐高模拟滑轮组　　　　图 3.18　弹簧秤

3. 深究

（1）各组自检和互检，检查所搭建的滑轮结构是否牢固，是否能承受一定的重量。如果不够稳固，研讨如何才能使结构更加稳固。强调三角形的稳固性。

（2）指导学生实验，并做好实验记录。

表 3.11　滑轮模拟实验数据记录

滑轮结构	电子秤度数
定滑轮	
动滑轮	
滑轮组	

（3）对照所吊重物的重量做分析，并得出不同滑轮结构的特点。

定滑轮：_____

动滑轮：_____

滑轮组：_____

（4）让学生复习功和功率的概念，并解释为什么说动滑轮省力不省功。

4. 拓展

探究右图所示的滑轮组，研究滑轮组这几个变量的关系：

F（拉力），G_1（所吊物体的重量），G_2（动滑轮重量），n（滑轮结构的绳索段数）。

用公式 $F = $ ……将这几个变量的关系表示出来，忽略微小误差。

期待学生能找出这几个变量的关系：$F = (G_1 + G_2)/n$。

图 3.19　变形滑轮组

5. 总结与反思

学生对照下面的评价标准做自我评价（可以在课后完成）。

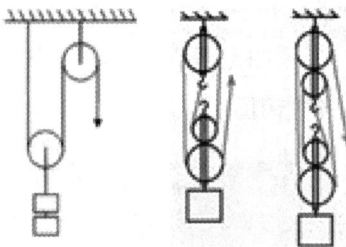

表 3.12 《滑轮》学生自我评价标准

评价类别	评价内容	反思			自我评价
		好	一般	不足	
联系	了解一些滑轮结构在生产和生活中运用的例子				
	明确探究目标，知道需要寻找什么答案				
	理解探究方案的原理、方法和步骤				
建构	能够独立完成滑轮实验装置的搭建				
	实验装置具有足够的高度，使得实验能够顺利开展				
	所搭建的实验装置结构稳固，能承受实验中的重量				
	所搭建的实验装置能比较好地模拟现实中的滑轮结构				
深究	能正确记录实验结果（数据）				
	能通过实验数据推断结论				
	能用生产或生活中的例子说明定滑轮的作用				
	知道功和功率的概念，并能够用这些概念来解释动滑轮的实验结果				
	能对误差做出合理的分析和解释				
拓展	能根据探究要求，设计和完成复杂滑轮组的搭建				
	能运用信息技术手段查询实验的预设结果				
	能通过实验，对预测进行验证				
其他	能和其他同学很好合作，在探究活动中互相协商，分工配合，完成任务				
	积极大胆地与其他同学分享探究成果				
	遇到困难和问题时，能积极想办法解决				
我的收获					
我要提升					

案例 4：高速赛车（初中综合实践）

学段学科

初中八年级综合实践课（动能）

课程标准

通过自主参与研究性学习活动，亲历问题探究的实践过程，获得科学研究的初步体验，加深对于自然、社会和人生问题的思考与感悟，激发起探索、创新的兴趣和欲望，并且逐步形成喜爱质疑、勤于思考、乐于在探究中获取新知的心理素质。

1. 教材与知识点

综合实践校本教材知识点：

◆ 科学实验的设计——目标、任务、假设和验证。

◆ 科学实验的数据采集方法。

◆ 科学实验的数据分析方法——数学建模。

2. 学习目标

（1）知识与技能

◆ 能在教师指导下，以小组为单位完成研究实验。

◆ 能发现并会描述小车轮子旋转时存储的动能与小车滑行距离的规律。

◆ 能用数据来论证结论。

（2）过程与方法

◆ 体验科学探究的过程，运用科学探究的方法。

◆ 训练对科学探究的严谨精神。

（3）情感态度与价值观

◆ 培养热爱科学的兴趣以及对科学探究的严谨精神。

◆ 培养与他人合作共事的良好习惯。

✤ 嵌入的 STEM 学习元素

　　科学：动能，科研方法，定量推理

　　技术：齿轮传动，结构，电动，测量

　　工程：确定实验目标，设计实验过程

　　数学：数量关系，函数

✤ 教学策略与教学方法

　　本课要求学生通过自主探究性学习的方法，使用乐高教育学具 9686 科学与技术套装做物理实验，探究与动能有关的因素。因为 9686 套装提供了搭建实验模型的具体指引，所以学生的探究活动主要集中在实验的过程中，期待学生能够通过实验，找出运动中的物体的动能和什么因素有关，并用数据和图形来表达它们的关系。在探究活动的拓展阶段，通过要求学生能够运用探究所得到的规律来探索让小车滑行更远的方法，从而让学生经历从实践到理论，又从理论到实践的探究问题的过程，体验从发现知识到运用知识的乐趣，培养和提高学生分析问题、解决问题的能力。

　　本教案参照 5Fs 教学设计的原则，对教学设计做了以下安排：

　　◆ Fact：以上述学习要求为目标，重点落在课程标准规定的知识点上。

　　◆ Facilitate：采用研究性学习的方式，用任务驱动的教学策略开展教学，使学生在老师的引导下，通过自主研究来发现规律和运用规律，加深对所学知识的理解。

　　◆ Fun：用学生常见的例了来引发学生的学习兴趣，激发学生的好奇心，提升学生的学习积极性。

　　◆ Flow：本教案实际设计了两个任务：第一个任务通过探究动能的大小和什么因素有关来发现规律，相对比较简单，学生容易完成。第二个任务探究规律怎样运用，涉及创新思维，增加了难度，以此实现难度递增。同时，在学生探究学习的过程中，老师也会针对学生的学习难点给予必要的指导和支持，比如怎样用坐标图来表示两个变量的关系。

◆ Four Cs：按照下面的四个步骤设计学生的学习活动：联系（Connect）、建构（Construct）、深究（Contemplate）、拓展（Continue）。

教学 / 学习过程

1. 联系

用图片来引导学生：

我们坐车遇到突然刹车，为什么身体会往前倾？为什么自行车下坡后还能继续向前滑行？对，那是因为运动着的物体都有动能。

图 3.20　物体的动能

我们在生产和生活中要经常利用到运动物体的动能：

图 3.21　生活中的动能

上面中间图片的手扶拖拉机的发动机上面有一个很大的铁轮子，这个铁轮子是一个惯性轮，俗称"飞轮"。飞轮通过转动惯性来存储动能。

拖拉机发动机的工作原理如下图所示：

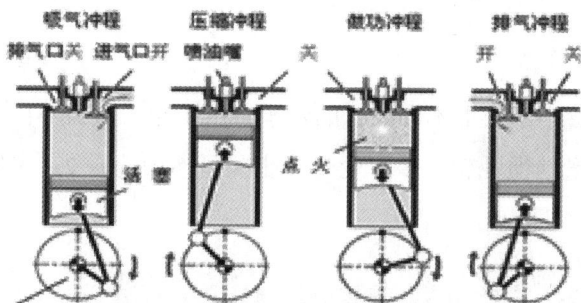

图 3.22　拖拉机发动机工作原理

通过飞轮的惯性带动，使得一个冲程能够平滑地过渡到下一个冲程。飞轮质量越大（越重），惯性就越大（存储的动能越大），冲程过渡就越顺利。

本节课我们用乐高的 9686 科学与技术套装搭建一个发射小车的装置，用它来研究惯性轮（飞轮）所存储的动能和什么因素有关。由于动能无法测量，所以我们通过对动能作用于小车使小车滑行的距离来判断动能的大小。我们要研究的问题是：

动能与什么因素有关？它们的关系是什么？

2. 建构

要求学生二到三人一个小组，按照 9686 科学与技术套装里面搭建手册的"高速赛车"的搭建指引，搭建小车发射装置和带惯性轮的小车：

图 3.23　乐高模拟高速赛车

3.深究

（1）预测

我们将给小车换上不同数目的轮子。由于轮子数目不同，所以我们得到不同质量的惯性轮（多车轮安装步骤可参考附录 2：多轮安装搭建指引）。

图 3.24 乐高多轮赛车示例

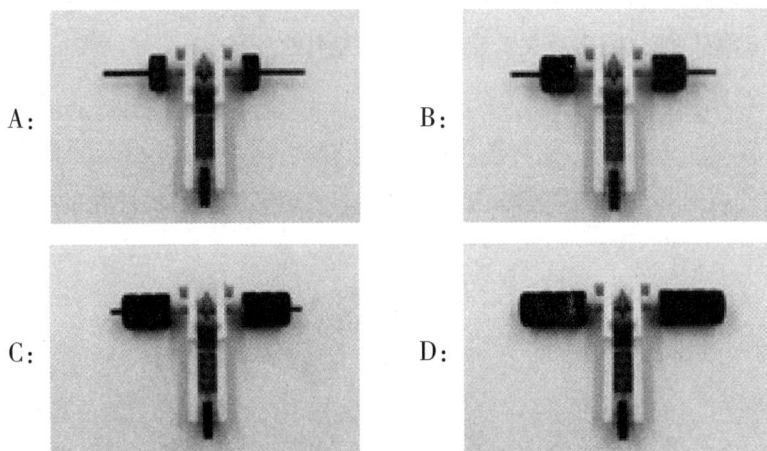

我们预测，惯性轮的质量和小车行驶的距离的关系是线性关系，也就是说，质量和距离都是等比例增加或减少。

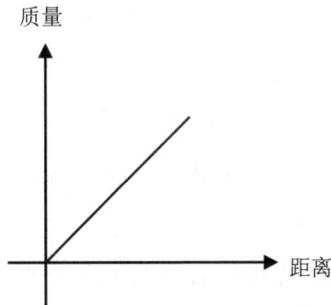

图 3.25　惯性轮质量与小车行驶距离关系预测图

（2）做实验，做好记录

提醒学生每种重量的惯性轮的实验都要做三次以上，然后取平均值，或者取频数最高的值，以便得到最精确的数据。同时提醒学生注意操作步骤（要先把小车放置好后才开启电源，否则在齿轮高速旋转情况下升起小车很容易损坏齿轮），爱护学具。

表 3.13　高速赛车模拟实验数据记录

轮子模式	轮子重量	滑行距离
A	18g	
B	36g	
C	54g	
D	72g	

（3）预测学生得出的结果

实验证明，我们的假设是正确的，有点误差是因为轮子增多后，摩擦力增加，抵消了少量的动能。

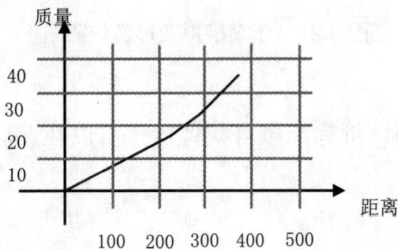

图 3.26　惯性轮质量与小车行驶距离关系图

（4）思考，然后做实验验证

乐高学具 9686 科学与技术套装的小轮子的重量是 9 克，大轮子的重量是 16 克。如果我们的小车换上两个大轮子，或者 4 个小轮子，哪一种小车跑得更远？为什么？（预测学生的探究结果：大轮子跑得更远，因为以同样角速度旋转时，尽管两个大轮子的总质量小于四个小轮子的总质量，但是大轮子的边缘旋转速度大于小轮子的边缘旋转速度，因此存储的动能也大于小轮子的，所以大轮子小车滑行的距离要远于小轮子小车。）

（5）最后得出结论

动能与物体本身的质量和速度有关。运动中的物体的质量越大，动能就越大；速度越快，动能也越大。

4. 拓展

既然我们知道与动能有关的因素了，我们有什么办法让我们的小车滑行得更远呢？

预测学生的探究结果：

（1）使用大轮子；如果有可能，用两对大轮子；

（2）改变小车的齿轮传动结构，变成以大齿轮带动小齿轮，如下图所示：

图 3.27　乐高模拟变形齿轮赛车

5. 总结与反思

学生对照下面的评价标准做自我评价（可以在课后完成）。

表 3.14 《高速赛车》学生自我评价标准

评价类别	评价内容	反思			自我评价
		好	一般	不足	
联系	了解一些动能在生产和生活中运用的例子				
	明确探究目标，知道需要寻找什么答案				
	理解探究方案的原理、方法和步骤				
建构	能够独立完成动能实验装置的搭建				
	知道齿轮传动的基本原理，理解通过齿轮加速的原理，并能够很好地完成齿轮结构的搭建				
	能够按照操作步骤（先放好小车才开启电源）来操作实验，注意爱护教具				
深究	能正确记录实验结果（数据）				
	能通过实验数据推断结论				
	理解坐标图表示两个变量关系的表达方式，并能在老师的指导下用坐标图表明惯性轮的重量和小车滑行距离的关系				
	能对误差做出合理的分析和解释				
	理解并能阐述大轮子的动能比小轮子的动能大的原理				
拓展	能根据拓展任务的要求，运用探究活动所获得的规律，设计和完成动能车的改建				
	有创新措施（比如减轻小车的重量等等）				
	能批判性地反思自己的改进方案，找出不足的地方				
其他	能和其他同学很好合作，在探究活动中互相协商，分工配合，完成任务				
	积极大胆地与其他同学分享探究成果				
	遇到困难和问题时，能积极想办法解决				
我的收获					
我要提升					

案例5：台秤（初中物理）

学段学科

初中八年级物理课（杠杆）

课程标准

主题二，（二）机械运动与力，2.2.4 用示意图描述力。会测量力的大小。知道二力平衡条件。2.2.4 知道简单机械。通过实验，探究并了解杠杆的平衡条件。

1. 教材与知识点

人教版八年级物理下册（第 12 章第 1 节）知识点：

◆ 杠杆的定义；

◆ 杠杆结构的五个要素；

◆ 杠杆平衡的条件。

2. 学习目标

（1）知识与技能

◆ 知道并能描述杠杆结构的基本原理。

◆ 知道并能描述本课案例的杠杆结构，能正确指出支点、动力臂和阻力臂、动力方向和阻力方向等杠杆结构的元素。

◆ 能在老师的启发下，完成实验，得出正确的结论。

（2）过程与方法

◆ 体验科学探究的过程，运用科学探究的方法。

◆ 训练对科学探究的严谨精神。

（3）情感态度与价值观

◆ 培养热爱科学的兴趣以及对科学探究的严谨精神。

◆ 培养与他人合作共事的良好习惯。

✿ 嵌入的 STEM 学习元素

科学：杠杆结构，二力平衡，力的分解

技术：稳固结构的设计，测量技术

工程：确定实验目标，设计实验过程

数学：方程式

✿ 教学策略与教学方法

本课要求学生通过自主探究性学习的方法，使用乐高教育学具 9686 科学与技术套装做物理实验，探究非典型结构的杠杆原理。因为 9686 套装提供了搭建实验模型的具体指引，所以学生的探究活动主要集中在实验的过程中，期待学生能够通过实验和分析，了解机械台秤这种特殊的杠杆结构的工作原理，发现它的特点，初步接触力的分解（为今后高中阶段学习力学打下基础）。在探究活动的拓展阶段，通过要求学生能够运用探究所得到的规律来计算和搭建对最大秤重量有要求的台秤，从而让学生经历从实践到理论，又从理论到实践的探究问题的过程，体验从发现知识到运用知识的乐趣，培养和提高学生分析问题、解决问题的能力。

本教案参照 5Fs 教学设计的原则，对教学设计做了以下安排：

◆ Fact：以上述学习要求为目标，重点落在课程标准规定的知识点上。

◆ Facilitate：采用研究性学习的方式，用任务驱动的教学策略开展教学，使学生在老师的引导下，通过自主研究来探讨和验证定律，加深对所学知识的理解。

◆ Fun：用搭建一个模拟现实的装置来吸引学生的学习兴趣，激发学生的好奇心，提升学生的学习积极性。

◆ Flow：本教案实际设计了两个任务：第一个任务主要围绕课本上的知识来开展研究，相对比较容易，学生容易完成。第二个任务探究对知识的运用，而且没有标准答案，答案是开放性的，增加了难度，以此实现难度递增。同时，在学生探究学习的过程中，老师也会针对学生的学习难点给予必要的指导和支持，比如启发学生对台秤杠杆结构的分析。

◆ Four Cs：按照下面的四个步骤设计学生的学习活动：联系（Connect）、建构（Construct）、深究（Contemplate）、拓展（Continue）。

教学 / 学习过程

1. 联系

用图片来引导学生：

在我们的日常生活和生产活动中，经常要用到各种各样的秤，其中台秤是非常常见的一种。台秤分为机械台秤和电子台秤两种。

本节课我们用乐高学具 9686 科学与技术套装，搭建一个机械台秤，通过对这个机械台秤的工作原理的探究，研讨杠杆原理在台秤中的运用。

2. 建构

二到三人一个小组，要求学生根据给出的滑轮

图 3.28　台秤

结构，使用乐高学具 9686 科学与技术套装，按照搭建手册上"信件天平秤"的搭建指引，搭建一个台秤。教师准备好弹簧秤或电子秤。

图 3.29　乐高模拟台秤

3. 深究

（1）验证杠杆的二力平衡条件

动力 × 动力臂 = 阻力 × 阻力臂

动力臂 = 2.4cm，阻力臂 = 8cm

乐高 9686 的大轮子的重量是 16g。

在初始状态下，动力为 0（忽略臂的重量），所以阻力也是 0。

当台秤处于图 3.30 的状态时，阻力等于 16g，因此：

动力 = 16 × 8 / 2.4 ≈ 53.3g

学生通过实验来验证（用弹簧秤或电子秤来拉动力臂的末端）。

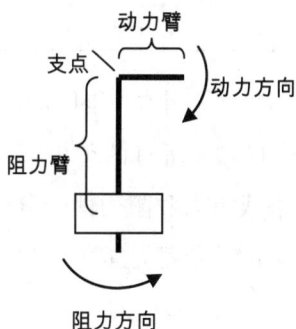

图 3.30 杠杆二力平衡分析（1）　　图 3.31 杠杆二力平衡分析（2）

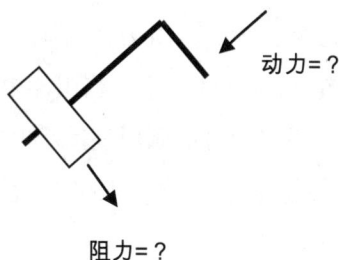

当台秤处于图 3.31 的状态时（倾斜度为 45°），从理论上来说，阻力应该是 8g，动力应该约等于 26.67g。实验来验证，要注意动力（拉力）的方向。

在一片弧形的纸条上标上角度数，贴在台秤的刻度表上。然后测量阻力臂处于不同角度时动力的大小。

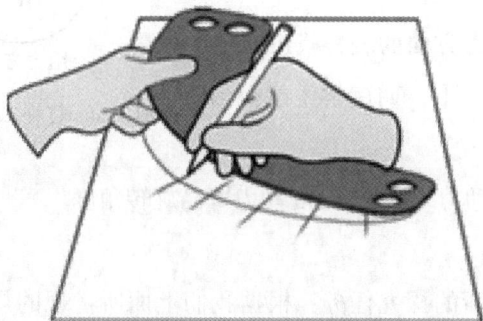

图 3.32 乐高台秤实验示意图

图片来源：乐高教育教师指南

表 3.33　台秤模拟实验数据记录

阻力臂位置	计算阻力	计算动力	测得动力
90°	16g	53.3	
67.5°			
45°			
22.5°			
0°	0g	0g	0g

思考：为什么阻力臂的倾斜度越小，阻力就会越小？（因为阻力主要由轮子的重量产生。当阻力臂处于90°位置时，所有的重量都成为阻力；当阻力臂的倾斜度减小时，重量被分解成重力和阻力两个分力，所以阻力就变小了；当阻力臂完全垂直时，全部重量都是重力，阻力为0。）

（2）事实上，台秤的称重压力和动力方向不是一致的，而是垂直向下的。这种情况下压力（垂直拉力）是多少？实验找出结果：

表 3.16　台秤（垂直压力）模拟实验数据记录

阻力臂位置	计算阻力	测得垂直拉力
67.5°		
45°		
22.5°		

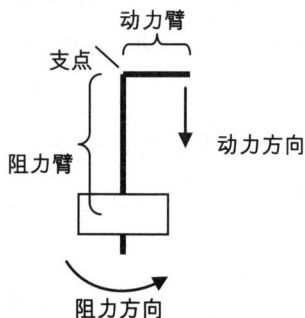

图3.34　杠杆二力平衡分析（3）

对照旋转动力方向的表，找出其中的规律。在老师的启发下，期待学生能得出下面的规律：

垂直拉力 = 动力 + 动力·Sin 动力臂已旋转角度。

4. 拓展

给学生布置新的探究任务：根据我们上面所发现的规律，如果我们想让我们的台秤的最大秤重量是200克，我们应该选择多重的秤砣（阻力），设置多长的秤砣杆（阻力臂）？请先计算好，然后通过实验来验证。要注意：秤砣杆是不可能升到90°的位置的，所以要先观察好秤砣杆的最高位置是多少度。

5. 总结与反思

学生对照下面的评价标准做自我评价（可以在课后完成）。

表 3.17 《台秤》学生自我评价标准

评价类别	评价内容	反思			自我评价
		好	一般	不足	
联系	了解一些杠杆结构在生产和生活中运用的例子				
	明确探究目标，知道需要寻找什么答案				
	理解探究方案的原理、方法和步骤				
建构	能够独立完成模拟台秤的搭建				
	知道台秤哪个部件需要稳固，哪个部件需要活动				
	能够准确在标尺上画出刻度				
深究	能正确记录实验结果（数据）				
	能对误差做出合理的分析和解释				
	能正确解释实验结果的数据，并能据此推导出合理的结论				
	能在老师的启发下，通过对数据的对比和计算，得出垂直拉力的计算公式				
拓展	能根据拓展任务的要求，运用探究活动得到的公式，正确计算所需要设置的数据				
	能根据计算结果搭建规定了最大称重量的台秤				
	尝试了两种以上的搭建方案				
	能评判性地分析自己的方案，找出不足之处				
其他	能和其他同学很好合作，在探究活动中互相协商，分工配合，完成任务				
	积极大胆地与其他同学分享探究成果				
	遇到困难和问题时，能积极想办法解决				
我的收获					
我要提升					

三、使用乐高教具 / 学具 EV3 机器人套装的教学案例

案例 1：声呐（小学数学）

学段学科

小学三年级数学课（声呐）

课程标准

◆ 结合具体情境，体会四则运算的意义。

◆ 能计算三位数的加减法，一位数乘三位数、两位数乘两位数的乘法，三位数除以一位数的除法。

◆ 经历与他人交流各自算法的过程。

◆ 能灵活运用不同的方法解决生活中的简单问题，并能对结果的合理性进行判断。

◆ 结合自己的生活经验，体验时间的长短。

◆ 结合生活实际，解决与常见的量有关的简单问题。

◆ 发现给定的事物中隐含的简单规律。

1. 教材与知识点

人教版三年级数学上册知识点：

◆ 四则运算的意义和基本算法；

◆ 时间和距离的基本单位；

◆ 简单乘法和除法。

2. 学习目标

（1）知识与技能

◆ 能正确运用简单的四则运算解决声呐侦听距离和报警的问题。

◆ 能在教师的指导下，设计完成关于声呐的探究活动（搭建和编程）。

（2）过程与方法

◆ 复习减法和乘法计算。

◆ 体验科学探究的过程，运用科学探究的方法。

◆ 训练对科学探究的严谨精神。

（3）情感态度与价值观

◆ 培养热爱科学的兴趣以及对科学探究的严谨精神。

◆ 培养与他人合作共事的良好习惯。

嵌入的 STEM 学习元素

科学：声呐，距离，时间，速度，科学测量，编程

技术：编程技术（基本输入输出，循环结构），测量技术

工程：确定项目问题，设计解决方案

数学：简单四则运算

教学策略与教学方法

本课要求学生通过自主探究性学习的方法，使用乐高教育学具 EV3 机器人套装，通过对声呐的工作原理的探究，理解和运用所学过的数学知识解决问题。因为对声呐这个主题的探究不需要搭建复杂的机器人模型，所以这个主题的探究活动主要是在编程中运用数学知识，同时也理解和掌握一些编程知识和技能。在探究活动的拓展阶段，通过要求学生能够运用刚学过的除法来求解速度，培养和提高学生分析问题、解决问题的能力。

本教案参照 5Fs 教学设计的原则，对教学设计做了以下安排：

◆ Fact：以上述学习要求为目标，重点落在课程标准规定的知识点上。

◆ Facilitate：采用研究性学习的方式，用任务驱动的教学策略开展教学，使学生在老师的引导下，通过自主研究来探讨和发现知识并运用知

识，加深对所学知识的理解。

◆ Fun：用一个对学生来说比较陌生但有趣味的案例来吸引学生的学习兴趣，通过新鲜感来激发学生的好奇心，提升学生的学习积极性。

◆ Flow：本教案的探究活动实际上从搭建阶段就开始：搭建阶段要求学生通过探究来了解超声波传感器的作用，这是比较容易完成的任务；深究阶段要求学生用四则运算的方式来处理声音大小的问题，有一定的难度；拓展阶段的任务涉及数据的收集、运算和处理，而且编程更复杂，难度较大，这就实现难度递增。同时，在学生探究学习的过程中，老师也会针对学生的学习难点给予必要的指导和支持，比如启发学生的设计流程，指导他们编程。

◆ Four Cs：按照下面的四个步骤设计学生的学习活动：联系（Connect）、建构（Construct）、深究（Contemplate）、拓展（Continue）。

教学/学习过程

1. 联系

用图片来引导学生：

图 3.35　声呐

声呐广泛运用于生产活动和军事中，比如渔民用声呐来探测鱼群的位置，军舰靠声呐来侦听敌方的潜艇，等等。

声呐靠一定频率的声波，声波碰到障碍物时反射回来，然后根据反射回来的时间和强度来判断障碍物的距离和大小。

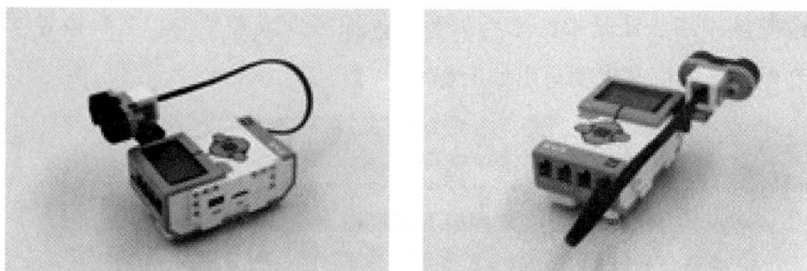

图 3.36　乐高模拟声呐

我们现在就用乐高 EV3 来搭建一个声呐。

2. 建构

（1）将乐高学具 EV3 机器人套装的处理器和超声波传感器连接起来。

（2）指导学生编写一个程序显示障碍物的距离；按下处理器中间键结束程序。重点是循环结构和数据采集。期待学生编写出如下程序：

（3）指导学生修改这个程序，不显示距离，而是发出声呐的声音。期待学生编写出如下程序：

3. 深究

（1）声音太小了，特别是当障碍物比较近时。怎么办呢？引导学生讨论应该用加法还是乘法来增加音量，加多少或乘多少。然后指导学生修改程序。期待学生编写出如下程序：

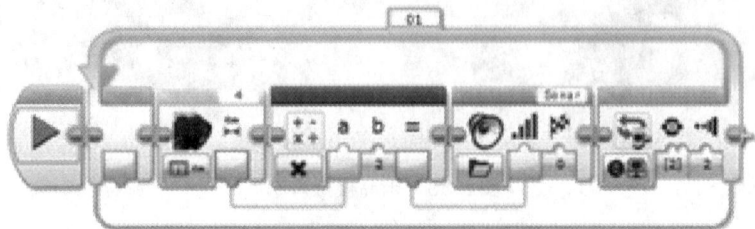

（2）在实际应用中，一般情况下距离越近声音越大，距离越远声音越小。怎么才能实现这个功能？引导学生：如果家里有 10 个鸡蛋，我们用 10 减去已经吃了的鸡蛋数，就得到剩下的鸡蛋数；吃得越多就剩得越少，吃得越少就剩得越多。同样道理，我们用最大音量 100（但为了让差更大一点，也可以用 120）减去距离，用差作为实际音量，这样距离越远（数字越大），音量就会越小，反之音量就会越大。期待学生编写出如下程序：

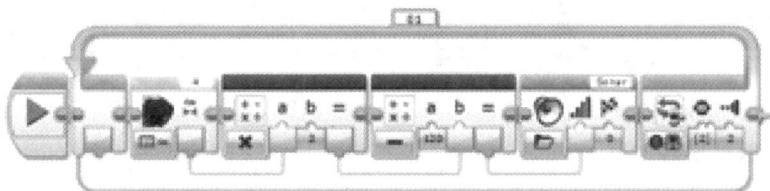

思考：为什么还要保留乘以 2 的调整？（这样可以使声音的变化更加明显。）

表 3.18　声呐模拟实验数据记录

最远监听距离	乘数	被减数
80		
60		
40		

（3）进一步实验：如果确定了最远监听距离（就是说，当物体在某

个距离之外，就没有声音），应该怎样设定这两个参数？（要通过计算求出答案，然后才实验验证。可以有不同的组合。）

4. 拓展

挑战：在战争中，如果敌方对我军舰发射了鱼雷，我们要马上测量出鱼雷射向我军舰的速度，以便舰长能够及时做出决策。我们需要给程序增加计算速度的功能，计算频率为两秒钟。

（1）引导学生分析处理速度的标准流程

```
开始 → 测量距离 a → 等待 2 秒 → 测量距离 b → 显示(a-b)/2
```

（2）期待学生编写出如下程序

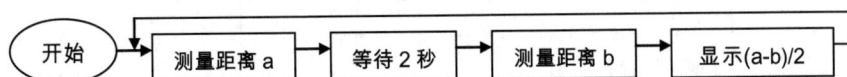

5. 总结与反思

学生对照下面的评价标准做自我评价（可以在课后完成）。

表 3.19 《声呐》学生自我评价标准

评价类别	评价内容	反思			
		好	一般	不足	自我评价
联系	了解声呐这种设备在生产和军事里面的作用				
	明确探究目标，知道需要寻找什么答案				
	理解探究方案的原理、方法和步骤				
建构	能够独立完成探究超声波传感器的作用的编程				
	知道声呐的工作原理，并能模拟声呐的工作				

续表

评价类别	评价内容	反思			自我评价
		好	一般	不足	
深究	掌握基本的 EV3 编程方法，清楚知道编程构件的作用及其属性的设置方法				
	能够在老师的指导下顺利完成探究任务所需要的编程工作				
	知道用加法或乘法增加音量的区别				
	知道反数的意义和运用，并懂得求反数的基本方法				
	在探究最远侦听距离时，对每一种距离设置都尝试了两种以上的方案				
	能够合理解释误差的原因				
拓展	知道求解速度所需要的数据，并能够通过编程实现对数据的采集				
	能够正确运算求速度，并能够正确显示				
	能在老师的指导下，编程实现并行结构				
其他	能和其他同学很好合作，在探究活动中互相协商，分工配合，完成任务				
	积极大胆地与其他同学分享探究成果				
	遇到困难和问题时，能积极想办法解决				
我的收获					
我要提升					

案例2：机器人测量（小学数学）

学段学科

小学四年级数学课（认识路程、时间和速度的关系）

课程标准

◆ 进一步认识小数和分数。

◆ 会分别进行简单的小数加、减、乘、除运算及混合运算。

◆ 会解决有关小数的简单实际问题。

◆ 能借助计算器进行较复杂的运算，解决简单的实际问题，探索简单的数学规律。

◆ 在具体情境中会用字母表示数。

◆ 探求给定事物中隐含的规律或变化趋势。

◆ 通过实例，了解度量单位（米、分米、厘米），会进行单位之间的换算，感受1米、1厘米的实际意义。

◆ 经历简单的收集、整理、描述和分析数据的过程。

1. 教材与知识点

人教版四年级数学上册知识点：

◆ 小数的运算；

◆ 认识时间、距离和速度的关系；

2. 学习目标

（1）知识与技能

◆ 通过探究活动，能够理解并解析速度与时间和路程的关系，并能正确计算速度。

◆ 能够完成对乐高 EV3 在不同动力下的速度的探究过程，并能够从中归纳出速度变化的规律，能用图形来表达。

◆ 能在教师的指导下，设计并完成探究过程所需要的编程任务。

（2）过程与方法

◆ 复习减法和乘法计算。

◆ 体验科学探究的过程，运用科学探究的方法。

◆ 训练对科学探究的严谨精神。

（3）情感态度与价值观

◆ 培养热爱科学的兴趣以及对科学探究的严谨精神。

◆ 培养与他人合作共事的良好习惯。

嵌入的 STEM 学习元素

科学：距离，时间，速度，科学测量，编程

技术：编程技术（获取传感器的数据，基本的运算、输入和输出），
测量技术

工程：确定实验项目的目标，设计解决方案

数学：小数的四则运算，求平均数，数据分析

教学策略与教学方法

本课要求学生通过自主探究性学习的方法，使用乐高教育学具 EV3 机器人套装，通过对机器人使用不同动力时的速度的探究，理解时间、路程和速度的关系，并能够正确表达这种关系。探究活动需要学生搭建机器人，为了节省时间，本课指导学生快速搭建一个 EV3 机器人小车。本课的探究活动也涉及比较多的编程任务，但由于学生在以前的学习中已经比较熟练地掌握了 EV3 的编程方法，所以只要老师给予一点指导，学生都能较快地完成所需要的编程任务。在探究活动的拓展阶段，通过要求学生能够运用通过探究所得到的知识来让机器人以不同动力走特定的距离，从而让学生经历从实践到理论，又从理论到实践的探究问题的过程，体验从发现知识到运用知识的乐趣，培养和提高学生分析问题、解决问题的能力。

本教案参照 5Fs 教学设计的原则，对教学设计做了以下安排：

◆ Fact：以上述学习要求为目标，重点围绕课程标准规定的知识点开展学习活动。

◆ Facilitate：采用研究性学习的方式，用任务驱动的教学策略开展教学；针对重点和难点，老师给予学生必要的启发和引导，比如对 EV3 程序的编程构件的解释。

◆ Fun："运动"是孩子们喜欢观察的现象，所以本教案利用孩子的喜好，并对这个喜好加以引导，激发学生的学习欲望。

◆ Flow：本教案设计了两大项任务：第一项任务采用观察实验的探究方法，通过测量和计算做分析，找出规律；拓展任务要求学生运用探究得来的动力和速度关系的知识完成任务，难度有所增加，实现难度递增。

◆ Four Cs：按照下面的四个步骤设计学生的学习活动：联系（Connect）、建构（Construct）、深究（Contemplate）、拓展（Continue）。

教学 / 学习过程

1. 联系

用图片来引导学生：

刘翔是第一个在世界比赛中获得跨栏冠军的亚洲人。在 2004 年的雅典奥运会中，他以 12.91 秒的成绩夺得了跨栏项目的冠军，打破了这个项目的奥运纪录。在 2006 年的另一次世界比赛中，刘翔以 12.88 秒的成绩打破了跨栏项目的世界纪录，被誉为亚洲飞人。

图 3.37　跨栏

我们知道，刘翔在跨栏比赛中获得冠军，是因为他用的时间比其他选手用的时间少。那么，是不是时间越少就越快呢？

我们做一个比较：刘翔在那场打破世界纪录的跨栏比赛中用了 12.88 秒，而老师从讲台的这边走到那边只用了 3 秒。是老师走得快还是刘翔跑得快？当然是刘翔跑得快。为什么刘翔用的时间比老师用的时间多，还说他比老师快？不错，那是因为刘翔跑的路程要远远大于老师走的路程。所以，我们知道，快和慢是由两个因素决定的：时间和路程。

那么，快和慢用什么来衡量？对，用速度来衡量。速度就是在单位时间内所经过的路程（距离）。用公式来表示就是：$V = S / t$，其中，V 是速度，S 是路程，t 是时间。速度的单位是：距离单位 / 时间单位。例如：公里 / 小时（km/h）、米 / 秒（m/s），等等。

下面我们通过实验来测量乐高EV3机器人使用不同动力时的速度是多少。

2. 建构

小组合作，用乐高学具 EV3 机器人套装按照下面的指引快速搭建一辆机器人小车（10 分钟）（可参考附录 4：测量机器人搭建指引）。

图 3.38　乐高模拟测量机器人

3. 深究

（1）我们用机器人来测量距离：两段黑线之间的距离是多少？

图 3.39　乐高测量机器人实验示意图

图片来源：乐高教育教师指南

我们来分析机器人测量距离的步骤：

（2）机器人向前走；

（3）当颜色传感器检测到第一段黑线时，B 电机（C 电机也行）转圈记录清零（后面要根据电机转的圈数来计算距离）；

（4）机器人继续前行，等待 0.5 秒（让机器人有时间越过第一段黑线）；

（5）当颜色传感器检测到第二段黑线时，机器人停止前进；

（6）获取电机当前已经旋转圈数，乘以轮子周长（17.58 厘米），得到距离（路程）；

（7）显示路程。

期待学生在老师指导下，编写下面的程序：

思考：为什么每次测得的距离都有一点小误差？（因为机器人不一定按照垂直距离来行驶）怎样减少误差？（多尝试几次，选择最小的值）

（8）机器人动力的大小影响所测量的距离吗？我们通过实验来验证：将动力分别设为 20、40、50、60，然后运行机器人。（期待学生得到结论：机器人动力大小不影响其测量的距离。）

（9）进一步实验：用机器人测量走过这段距离所用的时间。指导学生修改程序，期待的结果是：

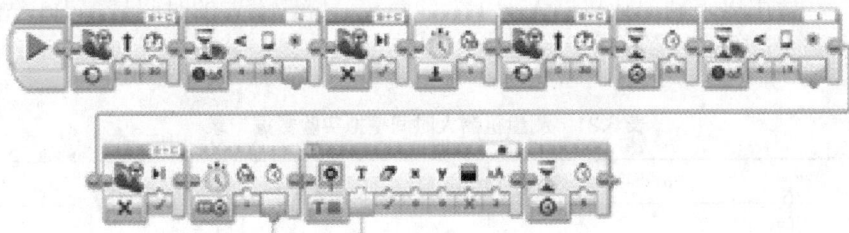

（10）我们再来分析机器人的动力是否影响它所用的时间，然后我们通过实验来验证：将动力分别设为 20、40、50、60，然后运行机器人。（期待学生得到结论：机器人动力大小影响其机器人所用的时间。）

（11）我们通过编程来测量机器人使用不同动力时的速度是多少。

期待学生的实验结果和编程结果：

表 3.20　测量机器人速度模拟实验数据记录

动力	速度
20	
30	
40	
50	
60	

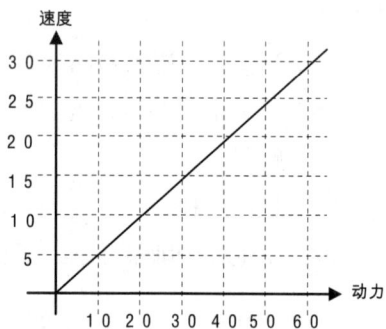

图 3.40　测量机器人动力与速度关系图

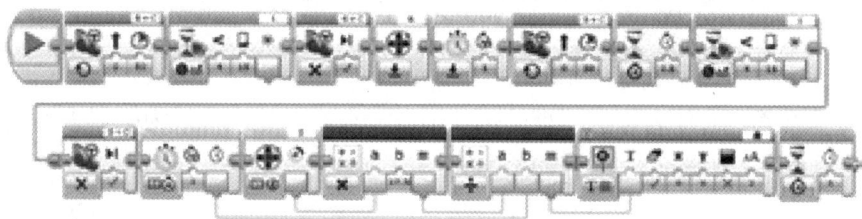

通过上面的实验，我们知道：动力每增加 10，速度就平均增加 _____（约 4.8）cm/s。由此可以推断：动力每增加 1，速度增加 _____（约 0.48）cm/s。

4. 拓展

使用以下动力让机器人走 1 米的距离，应该设置的时间是多少？先计算，然后通过实验来验证。

表 3.21　测量机器人时间模拟实验数据记录

动力	36	45	52	58	63	70
时间						

5. 总结与反思

学生对照下面的评价标准做自我评价（可以在课后完成）。

表 3.22 《机器人测量》学生自我评价标准

评价类别	评价内容	反思			自我评价
		好	一般	不足	
联系	知道运动是一种普遍现象，知道运动具备三个基本要素：时间、距离、速度				
	明确探究目标，知道需要寻找什么答案				
	理解探究方案的原理、方法和步骤				
建构	能够独立完成机器人小车的搭建				
	知道颜色传感器的作用，能正确地安装这些传感器				
	清楚知道处理器各个接口的作用，能正确地插接连线				
	机器人的搭建牢固，而且插销的插接顺畅，没有强扭插接的情况				
深究	掌握基本的 EV3 编程方法，清楚知道编程构件的作用及其属性的设置方法				
	知道怎样利用颜色传感器判断机器人走过的路程				
	能够在老师的指导下顺利完成探究任务所需要的编程工作				
	能很好地完成实验，正确记录了实验结果				
	能够正确计算速度，并能够用坐标图表达速度与动力的关系				
	能对误差做出合理的分析和解释				
拓展	能正确运用动力和速度的关系以及速度公式，完成拓展任务				
	知道并能够合理地解释误差				
其他	能和其他同学很好合作，在探究活动中互相协商，分工配合，完成任务				
	积极大胆地与其他同学分享探究成果				
	遇到困难和问题时，能积极想办法解决				
我的收获					
我要提升					

案例3：蜜蜂舞（小学数学）

学段学科

小学六年级数学课（比例）

课程标准

◆ 进一步认识小数和分数。

◆ 会分别进行简单的小数、分数（不含带分数）加、减、乘、除运算及混合运算。

◆ 会解决有关小数的简单实际问题。

◆ 能借助计算器进行较复杂的运算，解决简单的实际问题，探索简单的数学规律。

◆ 在具体情境中会用字母表示数。

◆ 会用方程表示简单情境中的等量关系。

◆ 理解等式的性质，会用等式的性质解简单的方程。

◆ 在实际情境中理解什么是按比例分配，并能解决简单的问题。

◆ 探求给定事物中隐含的规律或变化趋势。

◆ 经历简单的收集、整理、描述和分析数据的过程。

1. 教材与知识点

人教版六年级数学上册知识点：

◆ 比例的基本概念；

◆ 运用比例解决实际问题。

2. 学习目标

（1）知识与技能

◆ 通过探究活动，能够发现并解释机器人两个轮子的动力差与机器人走圈大小的关系，并能够在教师的启发下，运用比例知识，推导出机器人走圈的半径与两个轮子的动力的关系的公式。

◆ 能够运用所发现的知识，编程让机器蜜蜂实现模拟蜜蜂跳圆舞和月牙舞的动作。

◆ 能在教师的指导下，设计并完成探究过程所需要的编程任务。

（2）过程与方法

◆ 复习圆形周长的计算方法。

◆ 体验科学探究的过程，运用科学探究的方法。

◆ 训练对科学探究的严谨精神。

（3）情感态度与价值观

◆ 培养热爱科学兴趣以及对科学探究的严谨精神。

◆ 培养与他人合作共事的良好习惯。

嵌入的 STEM 学习元素

科学：蜜蜂的舞蹈语言，圆形半径与周长，比例知识，科学测量，编程

技术：编程技术（获取传感器的数据，基本的运算、输入和输出），测量技术

工程：确定实验项目的目标，设计解决方案

数学：四则运算，比例式，方程式

教学策略与教学方法

本课要求学生运用自主探究性学习的方法，使用乐高教育学具 EV3 机器人套装，通过对机器人走圆圈的探究，理解机器人动力差与圆形大小的关系，并能够运用比例知识，推导出通过机器人两个轮子的动力求所走圆形的半径的公式，在此基础上，进一步探究怎样运用在上述活动中得到的知识，编程控制机器蜜蜂模拟蜜蜂的基本舞蹈——圆舞和月牙舞，从而让学生经历从实践到理论，又从理论到实践的探究问题的过程，体验从发现知识到运用知识的乐趣，培养和提高学生分析问题和解决问题的能力。在探究活动中，为了使活动更有趣，指导学生搭建机器

蜜蜂。本课的探究活动也涉及比较多的编程任务，但由于学生在以前的学习中已经比较熟练地掌握了 EV3 的编程方法，所以只要老师给予一点指导，学生都能较快地完成所需要的编程任务。

本教案参照 5Fs 教学设计的原则，对教学设计做了以下安排：

◆ Fact：以上述学习要求为目标，重点围绕课程标准规定的知识点开展学习活动。

◆ Facilitate：采用研究性学习的方式，用任务驱动的教学策略开展教学；针对重点和难点，老师给予学生必要的启发和引导，比如对 EV3 程序的编程构件的解释。

◆ Fun：本教学案例借用"蜜蜂舞"这个例子让学生开展探究学习，引起学生的好奇心，提高他们的学习兴趣，激发他们的学习欲望。

◆ Flow：本教案的活动分为两个阶段：第一阶段采用观察实验的探究方法，通过测量和计算做分析，找出两个轮子的动力差和机器人走圆圈大小的规律；第二个阶段要求学生运用探究得来的规律和知识来模拟蜜蜂舞的路径，而且两种模拟由容易的圆形舞到较复杂的月牙舞，难度不断增加，实现难度递增。

◆ Four Cs：按照下面的四个步骤设计学生的学习活动：联系（Connect）、建构（Construct）、深究（Contemplate）、拓展（Continue）。

🔅 教学/学习过程

1. 联系

用图片来引导学生：

蜜蜂是我们常见的昆虫，它们能够从花朵上采蜜。蜜蜂在采蜜之前，通常都派出"侦察兵"去侦察哪里有可以采蜜的花朵。当"侦察兵"找到可以采蜜的花朵后，就会飞回蜂巢，"告诉"其他蜜蜂采蜜的地方。蜜蜂用一种很特殊的方式来向其他蜜蜂传达采蜜地点的信息——舞蹈。这就是蜜蜂舞。

图 3.41　蜜蜂

最常见的蜜蜂舞是圆舞（告诉其他蜜蜂采蜜地点在比较近的地方）、月牙舞（采蜜地点在不远不近的地方）、8 字摇摆舞（采蜜地点在比较远的地方）。

下面我们用乐高学具 EV3 机器人套装搭建机器蜜蜂，模拟蜜蜂的圆舞和月牙舞。

2. 建构

小组合作，用乐高学具 EV3 机器人套装搭建机器蜜蜂（10 分钟，在乐高 EV3 机器人模型的基础上稍作修改补充得到）（可参考附录 4：测量机器人搭建指引、附录 5：小蜜蜂机器人眼部搭建指引）。

图 3.42　乐高模拟小蜜蜂机器人

3. 深究

（1）学生分析下面的程序，说一说这个程序的功能，然后实验验证。

（2）学生修改这个程序，让机器人显示走过的圆圈的半径（提醒学生这个圆形是外轮子走过的圆形）。期待的结果是：

（3）按照下面表格的要求设置动力，探究下面的问题：

表 3.23　蜜蜂舞模拟实验数据记录

B 电机动力	C 电机动力	两电机的动力差	机器人走圈半径
80	40		
60	30		
80	60		
60	45		

我们得到结论是（括号里面是期待学生能够通过探究得出的结果）：

◆ 机器人所走的圆形的大小与机器人走的快慢（速度）_____（没有）关系；和两个电机的快慢差（动力差）_____（有）关系。

◆ 两个电机的动力差越大，机器人走的圆形越 _____（小）；动力差越小，走的圆

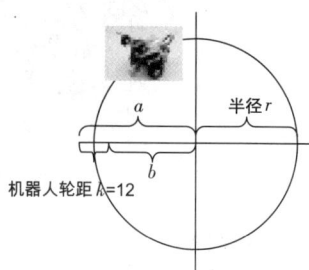

图 3.43　乐高小蜜蜂机器人实验示意图

形越 _____（大）。

◆ 已知机器人小车的轮距是 12cm（可能有误差），当 B 动力比 C 动
力大 1 倍时，B 轮子到圆心的距离比 C 轮子到圆心的距离大 _____（1）
倍。所以我们知道：B 和 C 动力的比 _____（等于）B 轮子到圆心的距
离和 C 轮子到圆心的距离的比。

（4）指导学生运用比例知识，通过比例式 B ∶ C = a ∶ b（B/C = a/
b），推导出圆形半径和 B、C 动力的关系：

$r=(kB/2+kC/2)/(B−C)$（k 为轮距）。

（5）现在我们编程控制我们的机器蜜蜂跳圆
舞。圆舞的圆形半径是 26 厘米，需要走完一轮
（即走完两个方向相反的圆圈）。先计算机器蜜蜂
的路径，然后编程实现让机器蜜蜂跳圆舞。机器
蜜蜂要按照图示的方向走。

（6）启发学生先求出 a 和 b 的比（当半径为
26 厘米时，a 和 b 的比是 32/20 = 8/5）。

图 3.44　小蜜圆舞轨迹

期待学生的结果之一（假设采用了 B 动力为
80；提醒学生注意 EV3 的动力设置没有小数，如果设置了小数，EV3 将
自动做四舍五入处理）：

4. 拓展

编程让机器蜜蜂跳月牙舞（镰刀舞）——假
定蜜蜂在走内圈时半径是 18cm，走完的周长是
圆周的四分之三，然后掉头走第二圈，也是走圆
周的四分之三；要求机器蜜蜂完成两轮的月牙舞
（4 个四分之三的圆周），并按照图示的方向走。

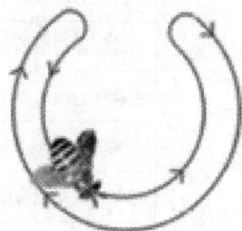

图 3.45　小蜜月牙舞（镰
刀舞）轨迹

启发学生分析外圈的半径（因为机器人采用一个轮子停一个轮子动的方式来掉头，所以外圈的半径是 18+12 = 30 厘米）。接下来启发学生怎样算出两个轮子到圆心的距离的比，然后确定两个轮子的动力比。提醒学生机器蜜蜂在走这两个圈时的速度要基本一致。

学生要先计算后编程和调试程序。期待学生的编程结果：

5. 总结与反思

学生对照下面的评价标准做自我评价（可以在课后完成）。

表 3.24 《蜜蜂舞》学生自我评价标准

评价类别	评价内容	反思			自我评价
		好	一般	不足	
联系	知道蜜蜂舞的形式和作用				
	明确探究目标，知道需要寻找什么答案				
	理解探究方案的原理、方法和步骤				
建构	能够独立完成机器蜜蜂的搭建				
	知道颜色传感器的作用，能正确地安装这些传感器				
	清楚知道处理器各个接口的作用，能正确地插接连线				
	机器人的搭建牢固，而且插销的插接顺畅，没有强扭插接的情况				
深究	掌握基本的 EV3 编程方法，清楚知道编程构件的作用及其属性的设置方法				
	知道怎样利用颜色传感器判断机器人走过的圆形周长				
	能够在老师的指导下顺利完成探究任务所需要的编程工作				
	在编程中能够正确运用圆形半径的公式来计算半径				
	能很好地完成实验，正确记录了实验结果				
	在老师的启发下，理解并能解释动力差和机器人所走圆形半径的关系				

评价类别	评价内容	反思			自我评价
		好	一般	不足	
	能运用比例的知识，正确设定两个电机的动力，使机器人按照规定的半径走圆圈				
	能对误差做出合理的分析和解释				
拓展	能综合运用圆周、比例等知识，完成模拟蜜蜂月牙舞的探究任务				
	知道并能够合理地解释误差				
其他	能和其他同学很好合作，在探究活动中互相协商，分工配合，完成任务				
	积极大胆地与其他同学分享探究成果				
	遇到困难和问题时，能积极想办法解决				
	能够批判性地反思自己的探究活动，找出不足之处				
我的收获					
我要提升					

案例4：防追尾自动驾驶（初中物理——变速运动）

学段学科

初中八年级物理课（机械运动）

课程标准

◆ 用速度描述物体运动的快慢。通过实验测量物体运动的速度。用速度公式进行简单计算。

◆ 通过实验，认识力可以改变物体运动的方向和快慢。

1. 教材与知识点

人教版八年级物理上册知识点：

◆ 运动的快慢（速度的意义和定义、计算方式）。

◆ 变速运动的速度计算，平均速度。

2. 学习目标

（1）知识与技能

◆ 知道匀速直线运动和变速直线运动的特征。

◆ 知道速度的概念，能用速度描述物体运动的快慢。

◆ 能根据任务运用速度公式计算来解决问题。

（2）过程与方法

◆ 体验科学探究的过程，运用科学探究的方法。

◆ 训练对科学探究的严谨精神。

（3）情感态度与价值观

◆ 培养热爱科学兴趣以及对科学探究的严谨精神。

◆ 培养与他人合作共事的良好习惯。

嵌入的 STEM 学习元素

科学：时间、路程与速度，交通规则，科学实验，编程

技术：机械结构，编程技术（运算、并行结构）

工程：确定任务的目标，设计解决方案

数学：直角三角函数

教学策略与教学方法

本课要求学生运用自主探究性学习的方法，使用乐高教育学具 EV3 机器人套装，通过搭建防追尾自动驾驶汽车的活动，深入探究物体运动的速度和快慢的有关问题，并运用速度计算的公式来探究小车的速度和动力的关系，以及怎样根据实际情况调整速度，实现变速运动。本课的探究活动也涉及比较多的编程任务，但由于学生在以前的学习中已经比较熟练地掌握了 EV3 的编程方法，所以只要老师给予一点指导，学生都能较快地完成所需要的编程任务。在探究活动的拓展阶段，要求学生能够分析和解决根据复杂的问题，探讨怎样编程解决更复杂情况下的问

题，培养和提高学生分析问题、解决问题的能力。

本教案参照 5Fs 教学设计的原则，对教学设计做了以下安排：

◆ Fact：以上述学习要求为目标，重点围绕课程标准规定的知识点开展学习活动。

◆ Facilitate：采用研究性学习的方式，用任务驱动的教学策略开展教学；针对重点和难点，老师给予学生必要的启发和引导，比如对 EV3 程序的编程构件的解释。

◆ Fun：做汽车是学生们生活中经常做的事情，本教案以安全驾驶为案例，引起学生的学习兴趣，激发他们的学习欲望。

◆ Flow：本教案的活动分为两个阶段：第一阶段采用观察实验的探究方法，通过测量和计算做分析，探究动力和速度的关系；第二个阶段要求学生通过编程实现机器人速度的动态调整，实现动态变速运动，难度不断增加，达到难度递增的目的。

◆ Four Cs：按照下面的四个步骤设计学生的学习活动：联系（Connect）、建构（Construct）、深究（Contemplate）、拓展（Continue）。

教学 / 学习过程

1. 联系

用图片来引导学生：

图 3.46　汽车追尾

汽车追尾是一种最常见的交通事故。造成追尾的原因之一是后面的汽车开太快，撞上了前面的汽车的尾部；二是前面的汽车倒车，后面的汽车来不及后退，被前面的车撞上。

我们今天就用乐高的 EV3 搭建一辆防追尾的自动驾驶的小车，它能够根据与前车的距离自动调整车速，防止追尾前车。调整的规则是：当与前车的距离等于或大于 60cm 时（安全距离），小车可以全速前进；当与前车的距离等于或小于 30cm 时（危险距离），小车停车；当与前车的距离在 30 到 60cm 之间时，小车根据距离大小来设定速度，距离越大车速越快，直到距离达 60cm 时全速前进；距离越小车速越慢，直到距离为 30cm 时完全停下来。小车要显示当前的速度。

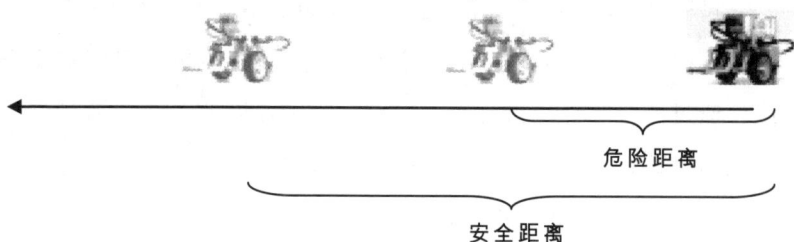

图 3.47　乐高防追尾自动驾驶小车实验示意图

2. 建构

按照指引搭建防追尾自动驾驶小车（可参考附录 6：防追尾自动驾驶小车搭建指引）。

图 3.48　乐高模拟防追尾自动驾驶小车

3. 深究

（1）分析怎样显示速度

显然，小车的动力和速度之间存在正比关系。如果我们能够找出它们的数量关系，我们就能够让小车随时显示当前的速度。我们将通过实验的方法找出小车动力与速度的数量关系。

用下表记录实验结果（提示学生分别将小车拿在手上运行和放在地上运行，并且每种动力都多尝试几次）：

表 3.25　防追尾自动驾驶模拟实验数据记录

动力	20	30	40	50	60	70	80
速度							

通过实验，我们知道：动力每增加 10，速度就平均增加 _____（约 4.8）cm/s。

此可以推断：动力每增加 1，速度增加 _____（约 0.48）cm/s。

指导学生分析：为什么小车放在地上运行的速度要比拿在手上的速度慢？（因为放在地上运行的摩擦力更大，再加上放在地上运行，当小车起步时需要克服整个小车原来的静止惯性，这需要一定的时间，而拿在手上运行，小车并没有真正前进，所以不需要克服整个小车的静止惯性，而只需要克服轮子的静止惯性，因此所耗费的时间要少）为什么动力越大，速度增加量越小？（因为动力越大，小车启动时要克服的惯性越大）

（2）分析怎样控制小车动力，从而达到调整速度的目的：

因为要与前车保持 30cm 的距离，所以假设前车停止不动时，当本车与前车的距离为 30cm 时，本车的动力应该为 0。而当前车前进时，当距离等于或大于 60cm 时，本车的车速应该为 100；因为小车的最大动力为

100，而小车的安全距离和危险距离之间是 30cm，所以我们将 100 分成 30 份（约等于 3.3），使得距离每缩小 1cm，动力就要减少 3.3。这样我们得到计算动力的公式：

动力 =3.3×（距离 −30）

当计算出来的动力大于 100 时，处理器会自动当作 100 来处理。编程如下：

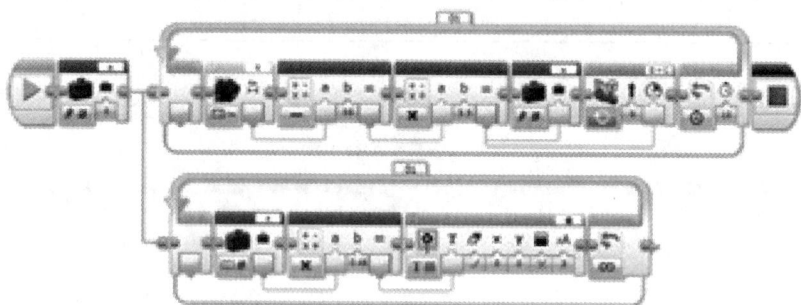

4. 拓展

汽车发生碰撞不仅因为后车撞上前车而造成，有时也因为前车后退撞上后车。现在我们给我们的自动驾驶的机器人小车添加一个功能：当前车后退时，我们的小车不仅能够跟着后退，而且鸣笛警示前车，同时开启红灯提示后车。

期待学生的编程如下：

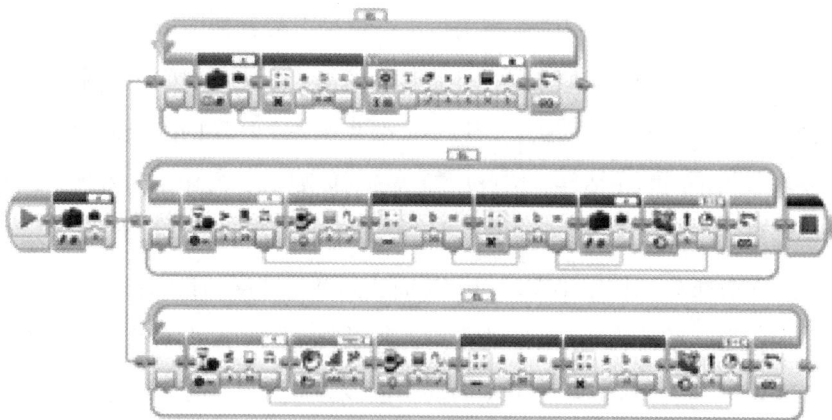

5. 总结与反思

学生对照下面的评价标准做自我评价（可以在课后完成）。

表 3.26 《防追尾自动驾驶》学生自我评价标准

评价类别	评价内容	反思			自我评价
		好	一般	不足	
联系	知道交通安全的知识，知道追尾交通事故的原因以及防止追尾的方法				
	明确探究目标，知道需要寻找什么答案				
	理解探究方案的原理、方法和步骤				
建构	能够独立完成机器人小车的搭建				
	知道超声波传感器的作用，能正确地安装这些传感器				
	清楚知道处理器各个接口的作用，能正确地插接连线				
	机器人的搭建牢固，而且插销的插接顺畅，没有强扭插接的情况				
深究	掌握基本的 EV3 编程方法，清楚知道编程构件的作用及其属性的设置方法				
	知道在编程中怎样使用变量来达到动态设定动力的效果				
	能够在老师的指导下顺利完成探究任务所需要的编程工作				
	能很好地完成实验，正确记录实验结果				
	能对数据做分析，据此推导出动力和速度的关系				
	能对误差做出合理的分析和解释				
	能根据调整速度的要求，推动出计算动力的方法，并编程实现动态调整速度				
	能运用动力和速度的关系动态显示当前速度				
拓展	懂得对两种距离（大于 30cm 和小于等于 30cm）做不同的判断处理。				
	懂得使用并行结构同时处理并列的问题				
其他	能和其他同学很好合作，在探究活动中互相协商，分工配合，完成任务				
	积极大胆地与其他同学分享探究成果				
	遇到困难和问题时，能积极想办法解决				
	能够批判性地反思自己的探究活动，找出不足之处				

续表

评价类别	评价内容	反思			
		好	一般	不足	自我评价
我的收获					
我要提升					

案例 5：探雷战车（初中数学）

学段学科

初中九年级数学课（直角三角函数）

课程标准

了解直角三角形的概念，探索并掌握直角三角形的性质。

1. 教材与知识点

人教版九年级数学下册知识点：

◆ 直角三角函数（正弦、余弦、正切、余切）的原理。

◆ 运用直角三角函数解决实际问题。

2. 学习目标

（1）知识与技能

◆ 知道直角三角形的概念，探索并掌握直角三角形的性质。

◆ 能运用直角三角函数解决一些实际问题。

◆ 能在教师的指导下，设计并完成探究过程所需要的编程任务。

（2）过程与方法

◆ 复习时间、路程、速度等有关知识。

◆ 体验科学探究的过程，运用科学探究的方法。

◆ 训练对科学探究的严谨精神。

（3）情感态度与价值观

◆ 培养热爱科学兴趣以及对科学探究的严谨精神。

◆ 培养与他人合作共事的良好习惯。

嵌入的 STEM 学习元素

科学：时间、路程与速度，直角三角形的性质，科学实验，编程

技术：机械结构，编程技术（运算、并行结构）

工程：确定任务的目标，设计解决方案

数学：直角三角函数

教学策略与教学方法

本课要求学生通过自主探究性学习的方法，使用乐高教育学具 EV3 机器人套装，通过对机器探雷战车怎样探测地雷的模拟活动，深入探究时间、路程和速度的有关问题，并运用直角三角函数来计算模拟地雷的位置。探究活动需要学生搭建机器探雷战车，搭建过程有点复杂，所以为了节省上课时间，本课在课前利用学生活动时间将探雷战车基本搭建好。本课的探究活动也涉及比较多的编程任务，但由于学生在以前的学习中已经比较熟练地掌握了 EV3 的编程方法，所以只要老师给予一点指导，学生都能较快地完成所需要的编程任务。在探究活动的拓展阶段，要求学生能够进一步运用三角函数来计算地雷位置，并给学生布置一个开放性的任务，探讨怎样编程解决更复杂情况下的问题，培养和提高学生分析问题、解决问题的能力。

本教案参照 5Fs 教学设计的原则，对教学设计做了以下安排：

◆ Fact：以上述学习要求为目标，重点围绕课程标准规定的知识点开展学习活动。

◆ Facilitate：采用研究性学习的方式，用任务驱动的教学策略开展教学；针对重点和难点，老师给予学生必要的启发和引导，比如对 EV3 程序的编程构件的解释。

◆ Fun：军事对很多孩子，特别是男孩子都有吸引力，所以本教案使用了一个军事的案例——探雷战车作为探究对象，以此引起学生的学习兴趣，激发他们的学习欲望。

◆ Flow：本教案的活动的阶梯是：1）用算术运算探究探雷臂摆动和探雷战车前进速度之间的协调，以便防止漏探；2）用直角三角函数计算距离；3）处理复杂情况下的编程问题。难度不断增加，达到了难度递增的目的。

◆ Four Cs：按照下面的四个步骤设计学生的学习活动：联系（Connect）、建构（Construct）、深究（Contemplate）、拓展（Continue）。

教学 / 学习过程

1. 联系

用图片来引导学生：

图 3.49　探雷战车

在战场上，反坦克地雷对坦克造成很大的威胁，因此坦克部队都装备了扫雷坦克。

下面我们用乐高 EV3 搭建模拟的探雷车。

我们的任务是：探雷战车一边前进一边在与战车宽度相同的范围内探测是否有地雷（用 3cm 长的电工胶布垂直贴在地上）；如果探测到地雷，计算出垂直距离，然后战车继续前行这段距离来排雷。

2. 建构

按照指引，用乐高学具 EV3 机器人套装搭建探雷车（可参考附录 7：

探雷战车搭建指引）。

图 3.50　乐高模拟探雷战车

3. 深究

（1）我们的探雷车前面有一根可以左右摆动的探雷臂。探雷臂的摆动范围必须要宽于战车的宽度。战车的宽度是 18cm，所以探雷臂的摆动半径必须等于或大于 9cm，所以探雷臂的长度应该等于或大于 9cm。现在定为 9cm。

图 3.51　乐高探雷战车机构示意图（1）

（2）地雷是垂直贴在地上的黑色电工胶布，长度为 3 厘米。探雷臂左右摆动的动力为 30。这种情况下，战车前进速度应该为多少才不会导致漏探地雷？（战车前进 3 厘米所用的时间要小于探雷臂摆动半圈所用的时间。）

（3）探究探雷臂摆动半圈所用的时间：

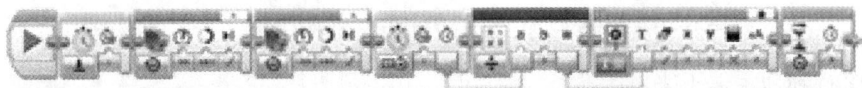

经过探究，我们知道，探雷臂以 30 为动力摆动半圈大约需要 0.4s，为了战车前进 3cm 所用的时间必须小于 0.4s，也就是说，战车前进的速度必须小于 7.5cm/s。

（4）探究战车以不同动力前进的速度是多少，然后求出每增加一个单位的动力，速度增加多少。如图所示，战车以不同速度经过相距为 1m 的两段黑线，记录时间，然后计算速度：

图 3.52　乐高探雷战车实验示意图

用下表记录探究结果：

表 3.27　探雷战车模拟实验数据记录

动力	20	30	40	50	60	70	80
速度							

通过探究，我们知道：动力每增加 10，速度就平均增加 _____（3.4）cm/s。由此可以推断：动力每增加 1，速度增加 _____cm/s。我们知道，战车的前进速度必须小于 7.5cm/s，所以战车的动力必须小于 7.5 除以速度增量。

（5）指导学生编程实现战车边前进边摆动探雷臂（并行结构程序），探测到地雷停下来：

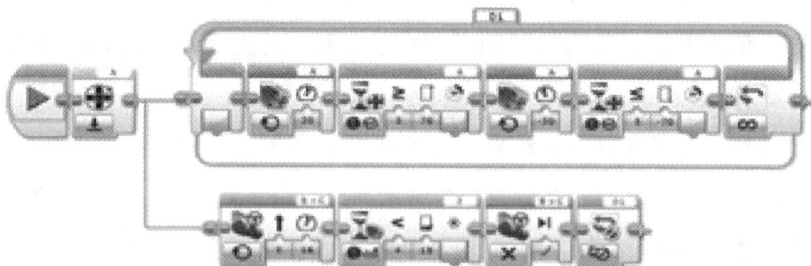

（6）用直角三角函数计算战车和地雷之间的垂直距离，然后战车前行这段距离：

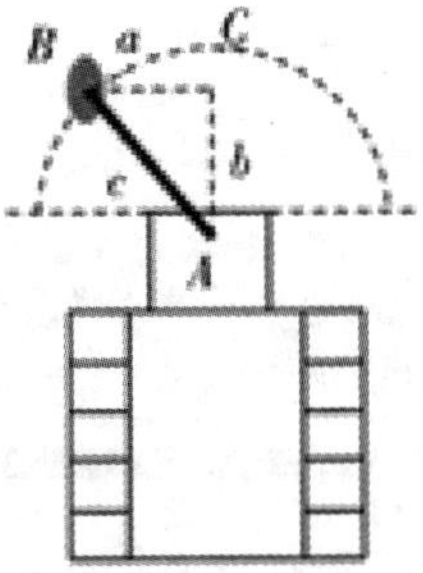

图 3.53　乐高探雷战车机构示意图（2）

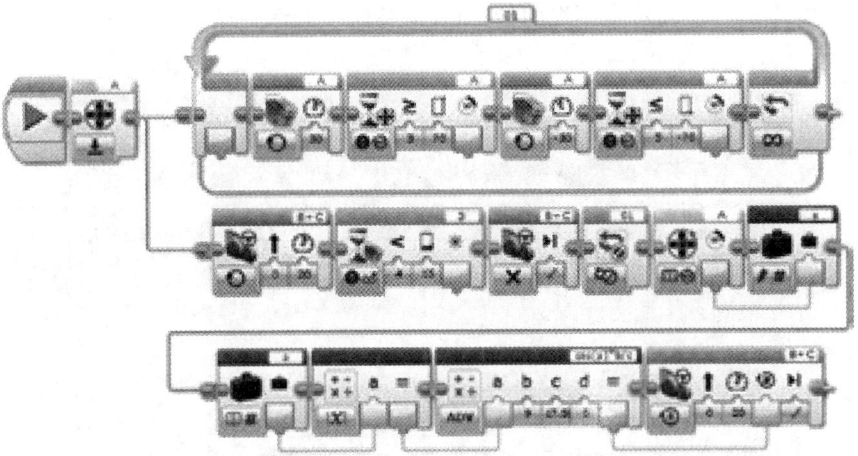

（7）由于探测到地雷后探雷臂是随机停下来的，所以每次重新启动时都要手工将探雷臂复位（摆到中间位置）。怎样才能让探雷臂在停止摆动之前先复位呢？指导学生开展研究，并期待学生的探究成果如下：

4. 拓展

（1）让战车探测到地雷后，显示地雷到战车前进方向的中线的距离（平行距离，上面示意图里面的 a）。期待学生的编程结果：

（2）如果敌方布置了比较密集的雷区，在探雷过程中探测到并列埋的地雷，或者在战车探测到地雷后前进时，但没有排除地雷前又探测到地雷，怎么去编程解决这些问题？

5. 总结与反思

学生对照下面的评价标准做自我评价（可以在课后完成）。

表 3.28 《探雷战车》学生自我评价标准

评价类别	评价内容	反思			自我评价
		好	一般	不足	
联系	了解一些军事知识				
	明确探究目标，知道需要寻找什么答案				
	理解探究方案的原理、方法和步骤				
建构	能够独立完成探雷战车的搭建				
	知道怎样实现探雷臂的摆动				
	知道怎样搭建履带				
	清楚知道处理器各个接口的作用，能正确地插接连线				
	机器人的搭建牢固，而且插销的插接顺畅，没有强扭插接的情况				
深究	掌握基本的 EV3 编程方法，清楚知道编程构件的作用及其属性的设置方法				
	知道在编程中怎样使用变量来达到动态设定动力的效果				
	能够在老师的指导下顺利完成探究任务所需要的编程工作				
	能理解探雷臂的摆动必须和战车前进速度协调，防止漏探的情况，并能通过分析和计算，找出协调的方法				
	知道怎样为运用直角三角函数计算距离采集所需要的数据（角度和斜边）				
	能在编程中运用正确的直角三角函数计算边长				
	能对误差做出合理的分析和解释				
拓展	能在编程中运用正确的直角三角函数计算边长				
	能根据探究任务提出解决方案				
	尝试编程实现方案				
其他	能和其他同学很好合作，在探究活动中互相协商，分工配合，完成任务				
	积极大胆地与其他同学分享探究成果				
	遇到困难和问题时，能积极想办法解决				
	能够批判性地反思自己的方案，找出不足之处				
我的收获					
我要提升					

案例 6：维护管道机器人（初中数学）

学段学科

初中九年级数学课（统计与概率）

课程标准

◆ 经历收集、整理、描述和分析数据的活动，了解数据处理的过程；能用计算器处理较为复杂的数据。

◆ 会制作扇形统计图，能用统计图直观、有效地描述数据。

◆ 能解释统计结果，根据结果作出简单的判断，并能进行交流。

1. 教材与知识点

人教版初三数学下册《统计》知识点：

◆ 调查方法：普查 / 抽样

◆ 平均数、均方差的概念和意义

◆ 极差：最大与最小值

◆ 频数及其圆饼图表示方法

2. 学习目标

（1）知识与技能

◆ 能根据实际需要设计收集数据的方法。

◆ 知道平均数和标准差的意义，会借助工具求数据的平均数和标准差，并解释结果的实际意义；根据具体的问题，能选择适当的统计量表示数据的不同特征。

◆ 能在教师的指导下，设计并完成探究过程所需的编程任务。

（2）过程与方法

◆ 经历简单的收集、整理、描述和分析数据的过程。

◆ 体验科学探究的过程，运用科学探究的方法。

◆ 训练对科学探究的严谨精神。

（3）情感态度与价值观

◆ 培养热爱科学的兴趣以及对科学探究的严谨精神。

◆ 培养与他人合作共事的良好习惯。

嵌入的 STEM 学习元素

科学：管道传输，科学检测（数据收集与分析），编程

技术：机械结构，编程技术（数据采集、实验项目、并行结构）

工程：确定任务的目标，设计解决方案

数学：统计

教学策略与教学方法

本课要求学生运用自主探究性学习的方法，使用乐高教育学具 EV3 机器人套装，通过对检测管道机器人检测管道的模拟活动，经历和体验收集数据、分析数据、得出结论的过程，从而更加深入地理解统计的意义和方式方法。本课的探究活动也涉及比较多的编程任务，但由于学生在以前的学习中已经比较熟练地掌握了 EV3 的编程方法，所以只要老师给予一点指导，学生都能较快地完成所需要的编程任务。在探究活动的拓展阶段，要求学生能够更加贴近现实地思考问题，运用计算思维，改进探测方法，并尝试通过编程解决更复杂情况下的问题，培养和提高学生分析问题和解决问题的能力。

本教案参照 5Fs 教学设计的原则，对教学设计做了以下安排：

◆ Fact：以上述学习要求为目标。

◆ Facilitate：采用项目学习的方式，用任务驱动、探究性学习的教学策略开展教学。

◆ Fun：用检测石油管道的工作为案例，紧密联系生产活动，给学生带来新鲜感，激发学生的学习欲望。

◆ Flow：本教案实际设计了两个任务：第一个任务所采用的数据采集方法比较简单，比较容易实现，而第二个任务更加贴近了现实，数据采集

的方法相对复杂，以此实现难度递增。同时，在学生探究学习的过程中，老师也会针对学生的学习难点给予必要的指导和支持，比如程序设计。

◆ Four Cs：按照下面的四个步骤设计学生的学习活动：联系（Connect）、建构（Construct）、深究（Contemplate）、拓展（Continue）。

教学/学习过程

1. 联系

用图片来引导学生：

石油管道的内壁被腐蚀是石油传输中的一个大问题。石油管道被腐蚀穿孔后会造成漏油，如果不及时发现，不仅造成浪费，而且可能引起爆炸，造成巨大的灾难。所以对石油管道的内壁要经常检查。

图 3.54　石油管道

现在我们用乐高教具模拟对石油管道的内壁做检查。我们用白色表示内壁完好，颜色越黑表示腐蚀越严重。当颜色传感器的反射光功能收集到的反射光数据为较高时，表示腐蚀不严重；当反射光数据较低时，表示腐蚀程度比较严重。具体数值的含义还要根据机器人的颜色传感器离被检测面的距离来确定（因为这个距离会影响到颜色传感器的反射光的值）。我们搭建一个模拟检查管道内壁的机器人，让它对大约一米长的管道进行检查，收集数据，然后我们分析数据，搞清楚：

◆ 管道内壁受腐蚀的平均严重程度；

◆ 受腐蚀的情况是比较均匀，还是部分特别严重部分比较完好；

◆ 最严重的在哪个部位。

我们将受腐蚀程度分为 5 个级别，然后用圆饼图将每个级别的百分比表示出来（频数百分比）。

2. 建构

用乐高学具 EV3 机器人套装检测管道机器人，除了要有颜色传感器，还要有陀螺仪传感器（可参考附录8：左右摇臂维护管道机器人搭建指引）。

图 3.55　乐高模拟维护管道机器人

3. 深究

（1）分析：我们需要收集什么数据？（期待学生通过讨论，得出答案：我们要收集两项数据，一项是用颜色传感器收集反射光强度的数据，以便分析管道内壁受腐蚀的程度——反射光越弱，受腐蚀程度越严重；另一项数据是 B 电机或 C 电机旋转圈数的数据，以便知道与第一项数据对应的位置。）

（2）指导学生编程控制机器人走过一段灰白相间的路程（在若干张 A4 纸上打上不同的灰度，然后串起来构成大约一米长的路程），并用颜色传感器收集数据。

图 3.56　乐高维护管道机器人实验示意图

期待学生完成的程序：

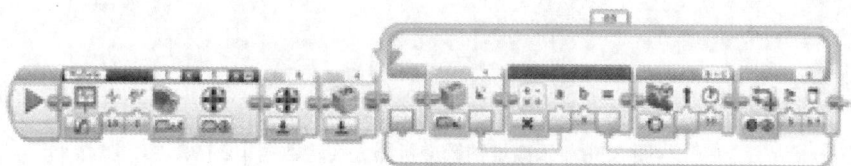

循环部分是为了让机器人能够在前进时直走，不偏离方向。要注意的是：本课的检测管道机器人的电机接线方法是这样的：从机器人的后面往前看，左边的电机接处理器的 C 口，右边的电机接 B 口。

（3）指导学生将机器人收集的数据导入电脑上的 EV3 实验项目里。

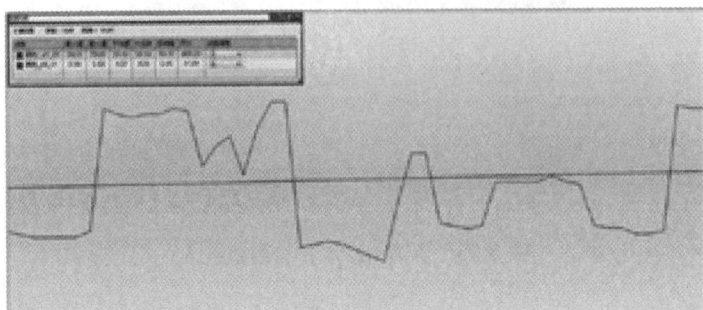

图 3.57 乐高维护管道机器人实验数据（1）

图中的紫色直线是电机旋转圈数的数据，黑色曲线是颜色传感器收集的反射光强度的数据。

（4）指导学生将数据导出到一个 .csv 文件里，然后用 Office 的 Excel 打开该文件，做下面的操作：

◆ 增加一列数据，用公式 =Cn ∗ 17.58（n 表示第 n 行，17.58 是机器人轮子的周长）求出圈数对应的离机器人起点的距离；

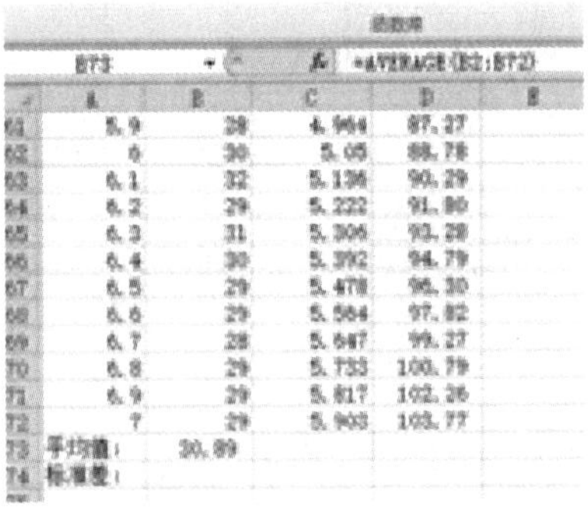

◆ 用函数 Average 求出反射光强度的平均值，得到管道内壁受腐蚀的平均情况。平均值越小，表示平均受腐蚀情况越严重；

D2 =C2*17.58

	A	B	C	D
1	Time	颜色r_p2_	圈数_p6_01	距离
2	0	37	0	0.00
3	0.1	35	0.025	0.44
4	0.2	42	0.097	1.71
5	0.3	31	0.186	3.27
6	0.4	37	0.272	4.78
7	0.5	38	0.358	6.29
8	0.6	48	0.444	7.81
9	0.7	39	0.531	9.33
10	0.8	8	0.617	10.85
11	0.9	11	0.7	12.31
12	1	15	0.786	13.82
13	1.1	23	0.872	15.33

B73 =AVERAGE(B2:B72)

	A	B	C	D	E
61	5.9	28	4.964	87.27	
62	6	30	5.05	88.78	
63	6.1	32	5.136	90.29	
64	6.2	29	5.222	91.80	
65	6.3	31	5.306	93.28	
66	6.4	30	5.392	94.79	
67	6.5	29	5.478	96.30	
68	6.6	29	5.564	97.82	
69	6.7	28	5.647	99.27	
70	6.8	29	5.733	100.79	
71	6.9	29	5.817	102.26	
72	7	29	5.903	103.77	
73	平均值：	30.89			
74	标准差：				

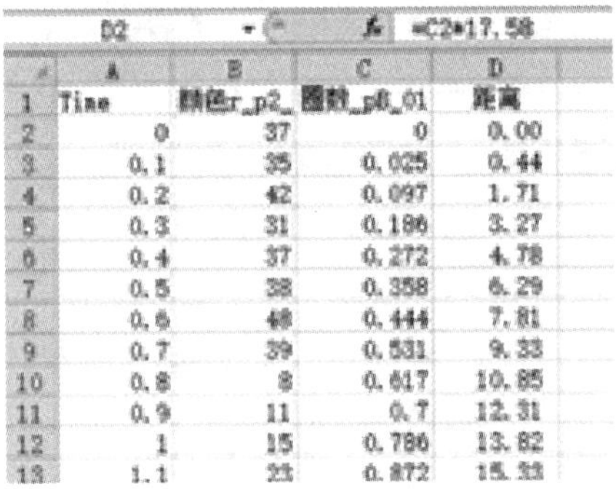

图 3.58 乐高维护管道机器人实验数据（2）

◆ 用函数 STDEV 求反射光强度的标准差。标准差偏离（大于或小于）平均值越多，说明受腐蚀的情况越不均匀；反之越均匀；

图 3.59　乐高维护管道机器人实验数据（3）

◆ 在 Excel 表格里面找出反射光强度最低的那部分所对应的距离，得出受腐蚀情况最严重的位置；

◆ 用 Excel 的图表功能，制作圆饼图；例如：

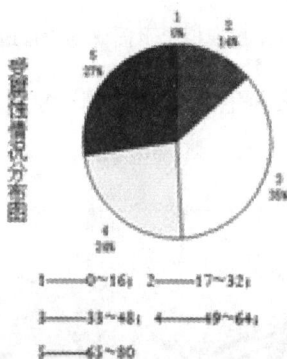

图 3.60　乐高维护管道机器人实验数据（4）

4. 拓展

事实上，管道受腐蚀的情况并非像我们上面所展示的那样一段一段地平均分布，而是随机的、杂乱的，而我们的检测管道机器人的颜色传感器是固定的，因此，它只能检测到一条线上的受腐蚀的数据，而检测不到旁边的情况。为了让检测管道机器人能够检测到更大范围的情况，我们应该怎样改造机器人的结构，并改进编程？

期待学生的探究结果：

（1）管道实际是圆筒形，所以理论上机器人的结构要改造成这样：检测臂应该能够像图示那样旋转。但是这种结构在学生的探究活动中是很难实施的，因为颜色传感器的反射光的强度受到传感器与被检测面的距离的影响，而我们很难精确控制传感器与被检测面的距离，同时我们模拟的管道本身是平面的，而不是圆筒形的（可参考附录 8：上下摇臂维护管道机器人搭建指引）。

图 3.61　乐高模拟上下摇臂维护管道机器人

（2）所以只需要要求学生改造成检测臂能左右摆动就行（可参考附录 9：左右摇臂维护管道机器人搭建指引）。

图 3.62　乐高模拟左右摇臂维护管道机器人

（3）期待学生的编程结果如下

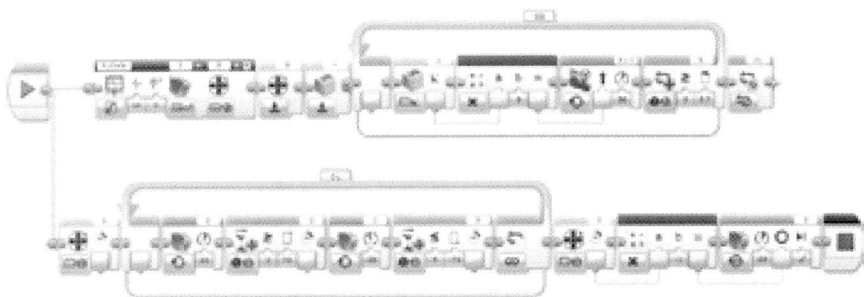

5. 总结与反思

学生对照下面的评价标准做自我评价（可以在课后完成）。

表 3.29 《维护管道机器人》学生自我评价标准

评价类别	评价内容	反思			自我评价
		好	一般	不足	
联系	了解石油管道传输过程中对管道检测的重要性				
	明确模拟项目要完成的任务目标，知道需要做什么				
	了解探究方案的总体概况，理解方案的原理、方法和步骤				
建构	能够独立完成检测管道机器人的搭建				
	知道颜色传感器和陀螺仪传感器的作用，能正确地安装这些传感器				
	清楚知道处理器各个接口的作用，能正确地插接连线				
	机器人的搭建牢固，而且插销的插接顺畅，没有强扭插接的情况				
深究	掌握基本的 EV3 编程方法，清楚知道编程构件的作用及其属性的设置方法				
	能够在老师的指导下顺利完成探究任务所需要的编程工作				
	知道 EV3 软件的程序项目和实验项目的区别，懂得什么时候需要创建哪种项目				
	明确探究任务所需要采集的数据，并通过编程实现数据的采集				
	懂得普查数据和抽样数据的区别和各自的作用，知道本次探究任务为什么要采用普查数据的方法来收集数据				
	会运用 Excel 来对采集的数据做统计计算				

续表

评价类别	评价内容	反思			自我评价
		好	一般	不足	
	能解释最大值、最小值、平均值和标准差的意义，并能针对本次探究活动，解释这些数值说明什么问题				
	能解释频数的意义，能结合本次探究活动，分析频数说明什么问题，并能用 Excel 制作圆饼图来表示频数				
	能对探究过程中出现的误差做出合理的分析和解释				
拓展	能根据探究目标，改造检测管道机器人的结构				
	能在老师的指导下，根据探究目标完成程序的改写				
其他	能和其他同学很好合作，在探究活动中互相协商，分工配合，完成任务				
	积极大胆地与其他同学分享探究成果				
	遇到困难和问题时，能积极想办法解决				
	能够批判性地反思自己的成果，并提出改进目标和改进方案				
我的收获					
我要提升					

搭建指引

附录1 ▶ 小风帆搭建指引

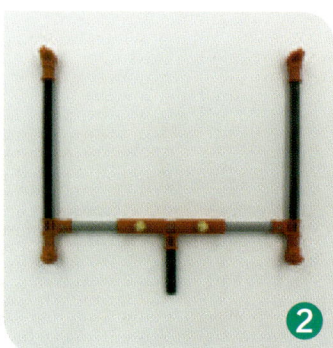

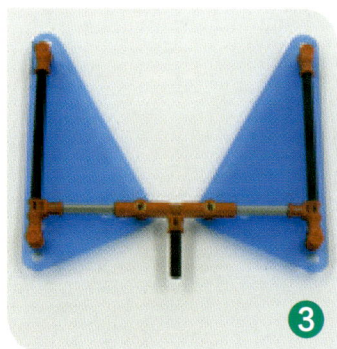

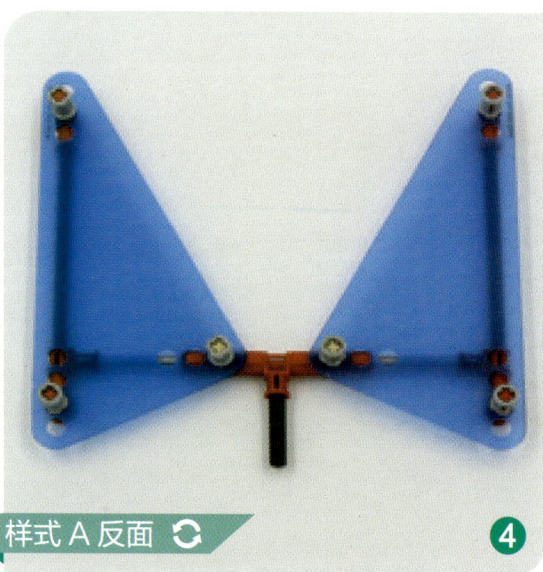

①

②

③

样式 A 反面 ⟳

④

注：⟳ 为翻转符号

① ② ③

④ ⑤

⑥

↻ 样式 B 正面

⑦

附录 2 ▶ 滑轮搭建指引

前侧面

后侧面

1

2

3

4

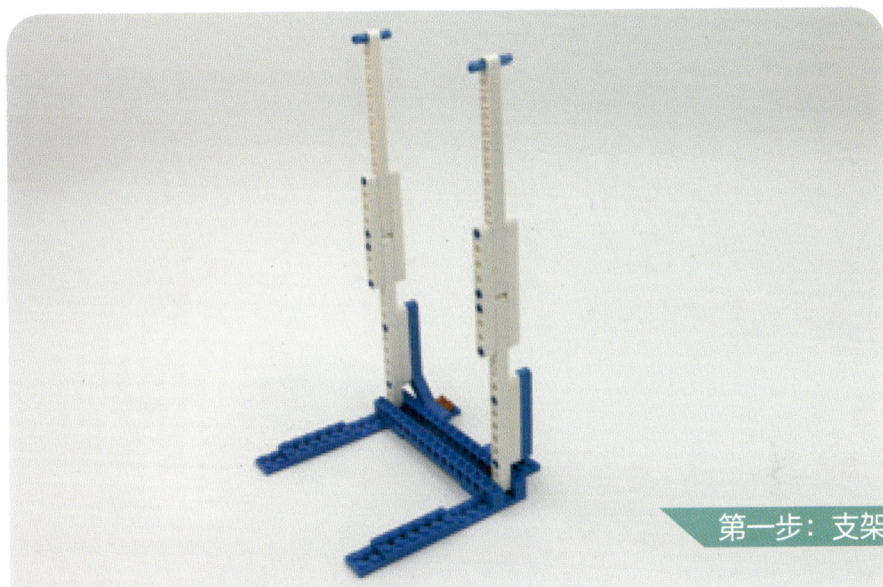

第一步：支架

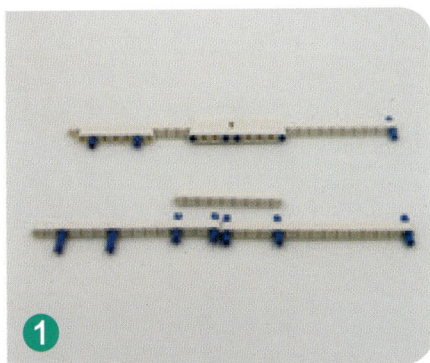

1

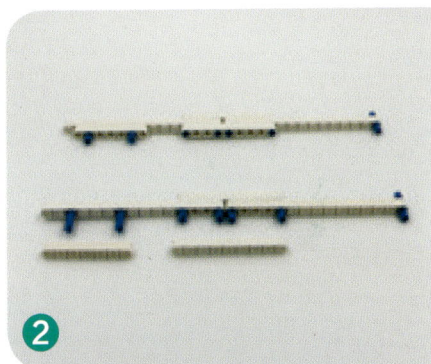

2

第二步：滑轮 ↻

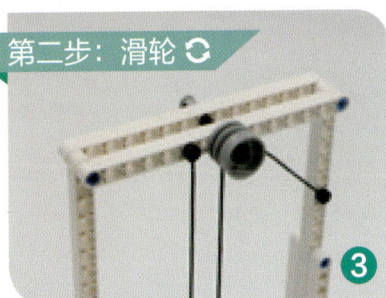

3

4

5

附录3 ▶ 多轮安装搭建指引

多轮车头

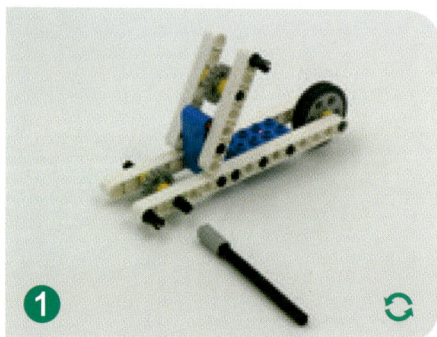

①

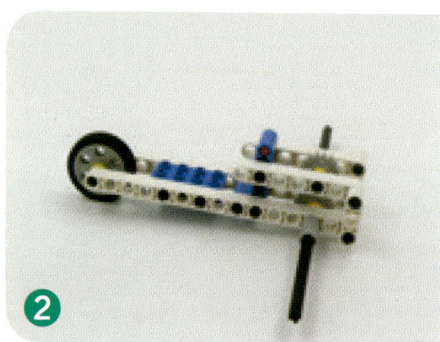

②

③

小贴士

该小车模型主体部分与《乐高教育9686科学与技术套装里面搭建手册》的"高速赛车"一致，此处不再重复。为便于增加车轮数量，对车头轮轴进行一定改装，具体步骤如上所示。

附录4 ▶ 测量机器人搭建指引

前侧面

后侧面

①

②

③

第一步：底座

④

①

②

③

第二步：尾部

④

①

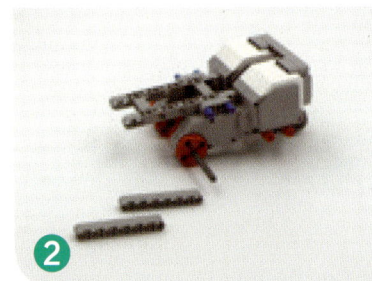

②

③

第三步：支架与车头

④

⑤

第四步：车身

9

1

2

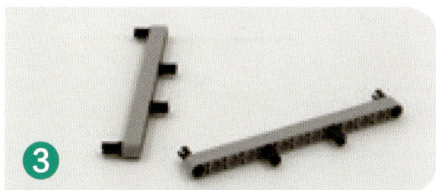

3

4

5

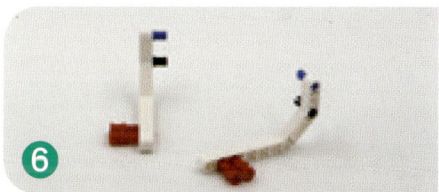

6

7

8

第四步：车身

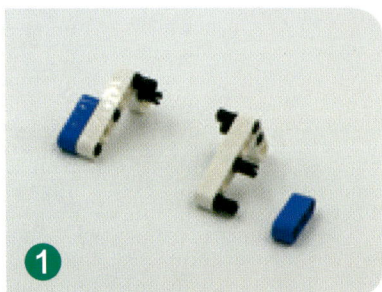

1

2

3

4

附录5 小蜜蜂机器人眼部搭建指引

前侧面

后侧面

眼睛与触角

小贴士

小蜜蜂机器人主体与测量机器人搭建方法相同。

①

②

③

④

附录6 ▶ 防追尾自动驾驶小车搭建指引

前侧面

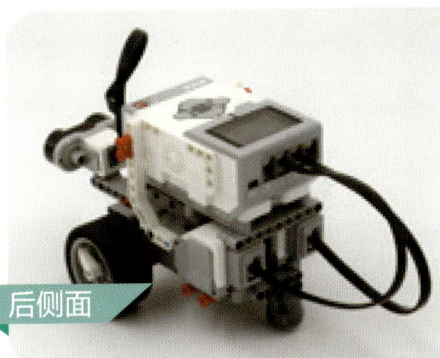

后侧面

第一步：底座

1

2

3

第二步：车身

①

②

③

④

⑤

⑥

⑦

⑧

⑪

⑨

⑫

⑩

⑬

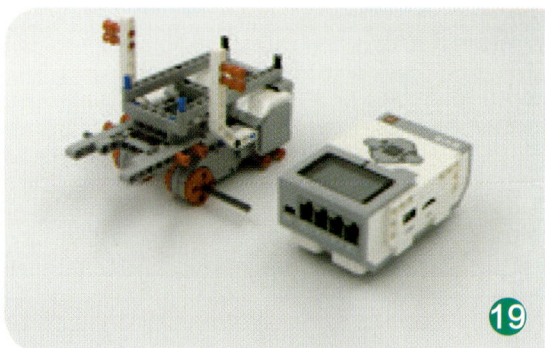

第三步：车轮

第四步：车尾

第三步：车轮

① ↻

②

附录7 ▶ 探雷战车搭建指引

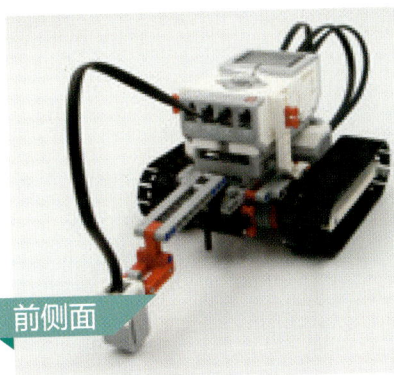

前侧面

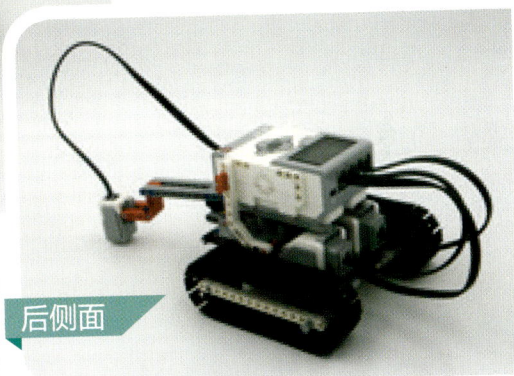

后侧面

第一步：底座

❶

❷

3

6

4

7

5

8

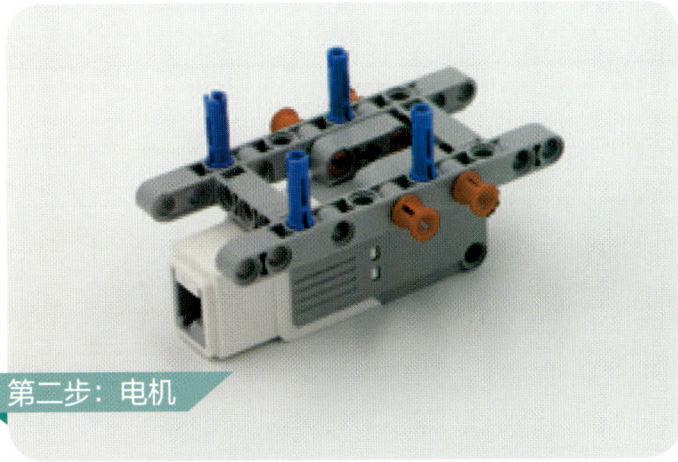

第二步：电机

①

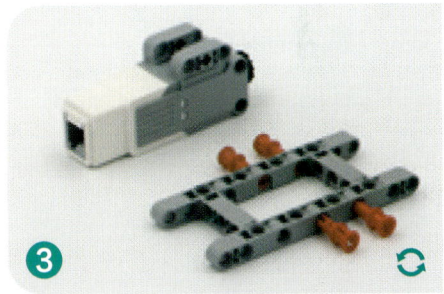

③

②

④

⑤

第三步：车身

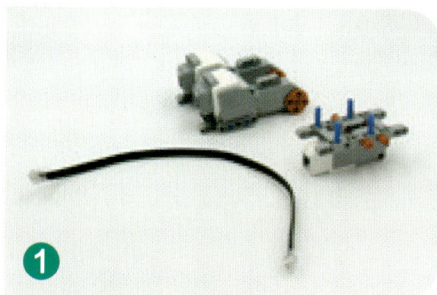

1

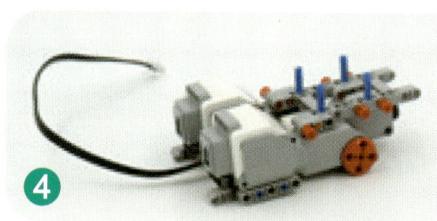

4

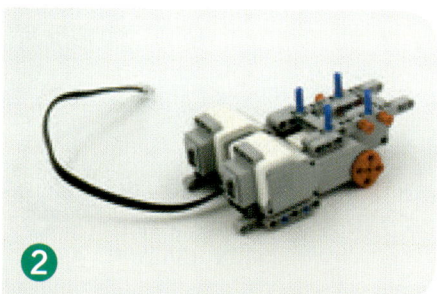

2

5

3

6

7

⑧

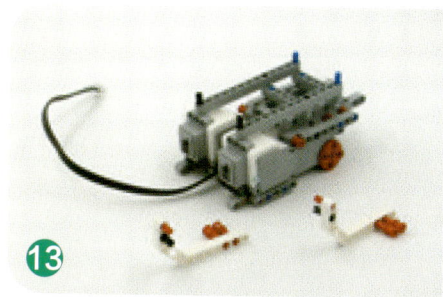

⑬

⑨

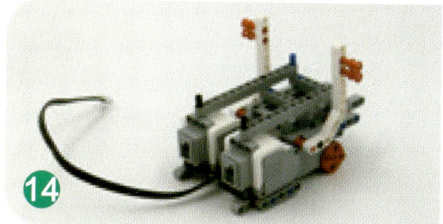

⑭

⑩

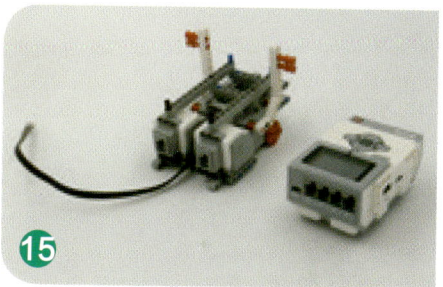

⑮

⑪

⑯

⑫

⑰

第四步：车轮

①

④

②

⑤

③

⑥

⑦

第五步：探头旋盘

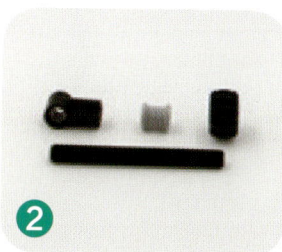

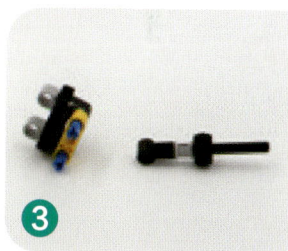

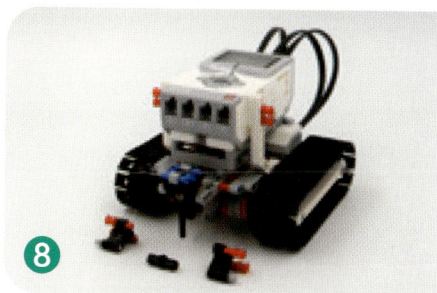

①

②

③

④

⑤

⑥

⑦

⑧

第六步：探头

①

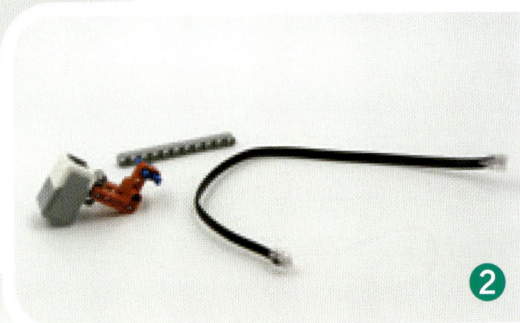

②

③

附录8 ▶ 旋转摇臂维护管道机器人搭建指引

前侧面

后侧面

第一步：底座

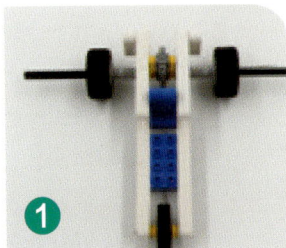

❶

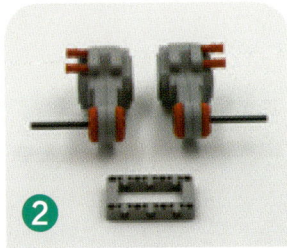

❷

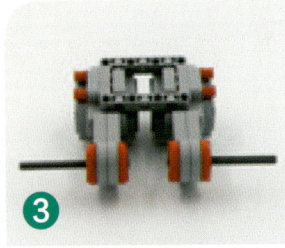

❸

第二步：电机

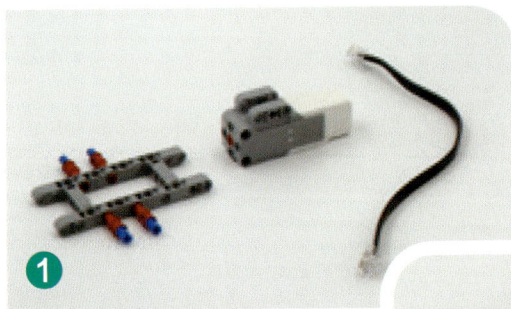

1

2

3

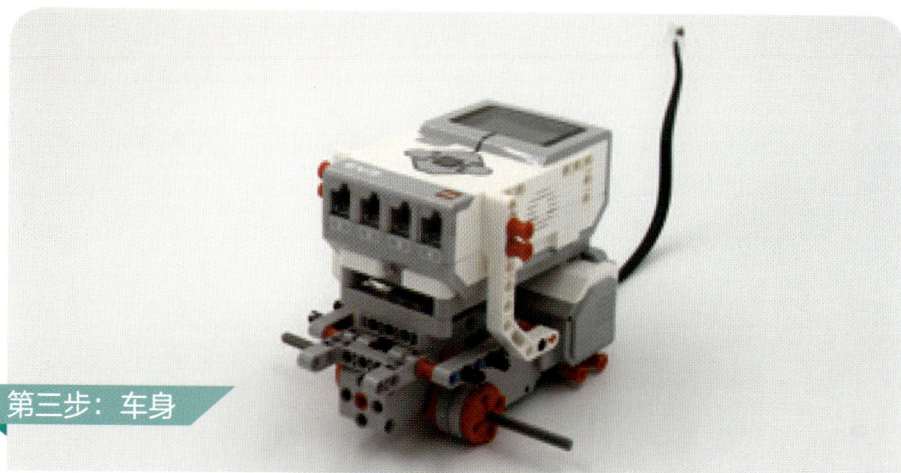

第三步：车身

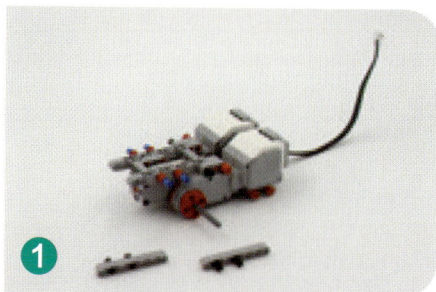

1

2

3

4

5

6

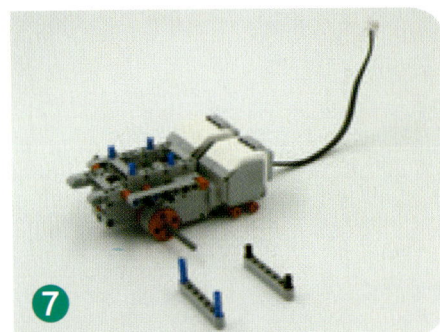

7

8

9

10

11

12

第四步：车轮

①

③

②

④

第五步：车尾

3

4

5

6

7

8

第六步：探头旋盘

①

②

③

④

⑤

⑥

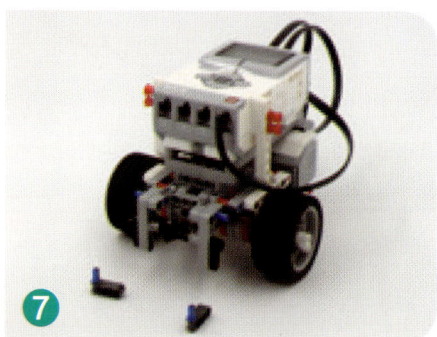

⑦

⑧

⑨

⑩

⑪

第七步：探头

①

③

②

④

附录9 ▶ 左右摇臂维护管道机器人搭建指引

前侧面

小贴士

该款机器人主体部分与测量
机器人、扫雷机器人类似。

后侧面

第一步：底座

❶

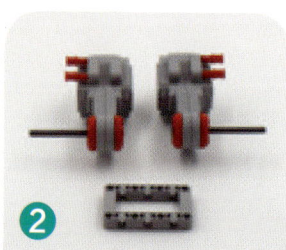

❷

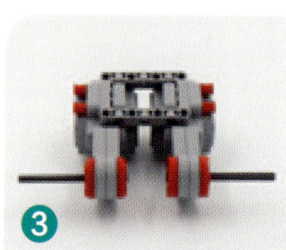

❸

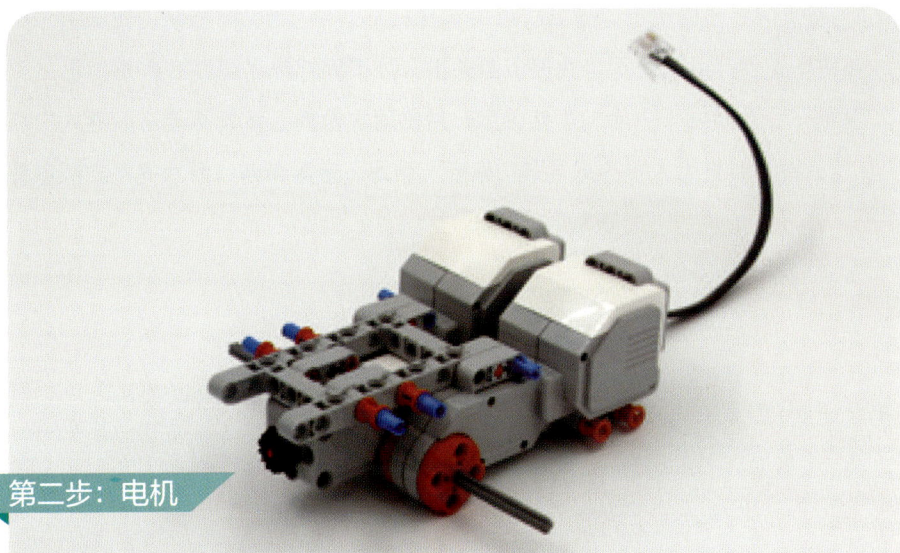

第二步：电机

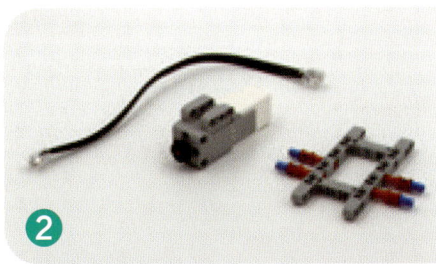

第三步：车身

①

②

③

④

5

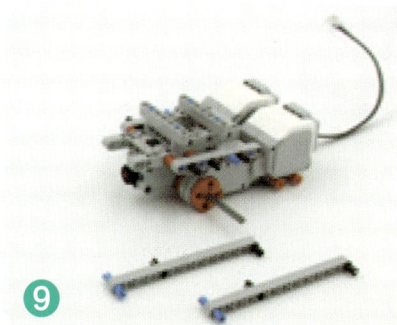

9

6

10

7

11

8

12

第四步：车轮

第五步：车尾等

5

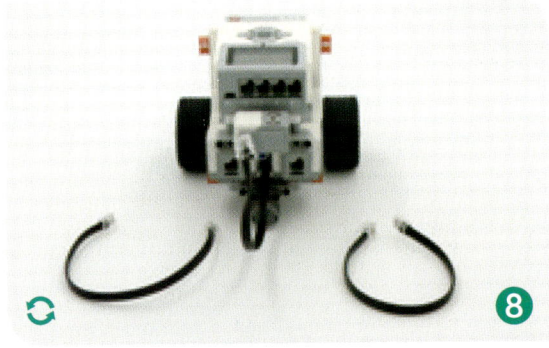

8

6

9

7

10

第六步：探头旋盘

❶

❷

③

⑥

④

⑦

⑤

⑧

第七步：探头

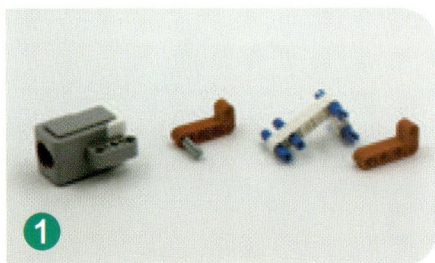

①

②

③

参考文献

References

一、著作类

1. 高文，徐斌艳，吴刚. 建构主义教育研究 ［M］. 教育科学出版社，2008.

2. 张建伟. 建构性学习——学习科学的整合性探索 ［M］. 上海·上海教育出版社，2005.

3. 杜威. 学校与社会 // 杜威教育论著选 ［M］. 上海·华东师范大学出版社.1981.

4. 杜威著，王承绪译. 民主主义与教育 // 杜威教育论著选 ［M］. 北京·人民教育出版社.2001.

5. DEWEYJ.The place of manual training in the elementary course of study ［M］.Manual Training Magazine，1901（7）.

6. 杜威. 自由与文化 ［M］. 北京·中国传媒大学出版社.2016.

7. 李方. 教育知识与能力 ［M］. 北京·高等教育出版社，2011.

8. 维果茨基著，余震球选译. 维果茨基教育论著选 ［M］. 北京：人民教育出版社，1994.

9. Seymour Papert.Computer Criticismvs.Technoc entric Thinking In Educational Researcher ［M］.1987（16）.

10. LindaCampbell，BruceCampbell，DeeDickinson 著，霍力岩、莎莉等译. 多元智能——教与学的策略 ［M］. 北京·中国轻工业出版社，2015.

11. 任长松. 探究式学习——学生知识的自主建构 ［M］. 北京·教育科学出版社，2005.

235

12. 徐学福.探究学习教学策略［M］.北京·北京师范大学出版社，2010.

13. 林崇德.中国优生优育优教百科全书·优教卷［M］.广州·广东教育出版社.2000.

14. 杜威著，姜文阅译.我们怎样思维·经验与教育［M］.北京·人民教育出版社，2005.

15. Cacioppo J.T，Prtty R.E.，Feinstein J.A.& Jarvis W.B.G（1996），Dispositional difference in cognitive motivation：the life and times of individuals varying in need for cognition［M］. Psychology Bulletin，119.

16. 霍恩（Horn，M.B）、斯泰克（Staker，H.）著，聂风华、徐铁英译.混合式学习：用颠覆式创新推动教育革命［M］.北京·机械工业出版社，2017.

17. Csikszentmihalyi，M. Flow：The Psychology of Optimal Experience［M］. New York：Harper Perennial.2008.

18. Csikszentmihalyi，M. Beyond Boredom and Anxiety：Experience Flow in Work and play［M］. San Francisco：Josey-Bass.1975.

19. 余震球选译，维果茨基教育论著选［M］.北京·人民教育出版社，1994.

20. MargaretHoney，DavidE.Kanter 著，赵中建、张悦颖译.设计·制作·游戏——培养下一代 STEM 创新者［M］.上海·上海科技教育出版社，2015（1）.

21. 罗伯特·M·卡普拉罗等著，王雪华等译.基于项目的 STEM 学习［M］.上海科技教育出版社，2016.

22. 克里斯·安德森.创客——新工业革命［M］.中信出版社，2015.

23. 里斯·安德森.创客——新工业革命［M］.中信出版社，2015.

24. 道格·约翰逊著，彭相珍译.从课堂开始的创客教育：培养每一位学生的创造能力［M］.中国青年出版社，2016.

25. 梁森山. 中国创客教育蓝皮书（基础教育版）［M］. 人民邮电出版社：2016.

二、论文类

1. 刘云波. 创新人才培养：乐高教育的理念与应用［J］. 上海教育科研，2016.

2. 张谦、周如旗等. 乐高 4C 教育模式在基础教育师范生职业课程中的应用［J］. 福建电脑，2013.

3. 王娟、汪颖. 开展创新教育：乐高培训的理念、特征及应用［J］. 现代教育技术，2017.

4. 余国平. 转变未来的学习，让教师成为引导者［J］. 上海教育，2016.

5. 王鑫. 乐高的"三大法宝"［J］. 经营管理者，2017.

6. 金学方. "皇冠上的珍珠"——丹麦教育见闻［J］. 世界教育信息，2004.

7. 刘力. 皮亚杰的活动教学理论及其启示［J］. 外国教育资料. 1994.

8. 郑旭东. 学习科学人物谈之十：学习科学的拓荒者——SeymourPapert［J］. 软件导刊（教育技术），2009.

9. 埃里卡·哈尔弗森. 金伯利·谢里登著，陈卫东译. 教育中的创客行动［J］. 现代远程教育研究，2015.

10. 高文，王海燕. 抛锚式教学模式［J］. 外国教育资料，1998.

11. 王文静. 社会建构主义研究［J］. 全球教育展望，2001.

12. 万力勇、赵鸣、赵呈领. 从体验性游戏学习模型的视角看教育数字游戏设计［J］. 中国电化教育，2016.

13. 徐晓燕. 流畅体验研究综述［J］. 中国西部科技（学术），2007.

14. 曹新美、刘翔平、蒋曦宁、王铮芳. 积极心理学中流畅感理论评介［J］. 赣南师范学院学报，2007.

15. Diana. 乐高机器人项目和自我认知［J］. 上海教育，2014.

16. 杨茜、张世友、王家香、刘红. 乐高 4C 教育模式在内科护理教学中的应用及效果评价 [J]. 护理学杂志，2017.

17. 赵瑞. 运用乐高教具提高中职机械制图课程的教学效果 [J]. 计算机光盘软件与应用，2015.

18. 张谦、周如旗、邹依林、张渝荣. 乐高 4C 教育模式在基础教育师范生职业课程中的应用 [J]. 福建电脑，2013.

19. 何克抗. 建构主义的教学模式、教学方法与教学设计 [J]. 北京师范大学学报（社会科学版），1997.

20. 赵中建. STEM：美国教育战略的重中之重 [J]. 上海教育，2012.

21. 余胜泉、胡翔. STEM 教育理念与跨学科整合模式 [J]. 开放教育研究，2015.

22. 上官剑、李天露. 美国 STEM 教育政策文本述评 [J]. 高等教育研究学报，2015.

23. 刘胜男. 建设中小学工程技术课程质量保障机制——来自美国"项目引路"机构的启示 [J]. 教育发展研究，2014.

24. 杨现民、李冀红. 创客教育的价值潜能及其争议 [J]. 现代远程教育研究，2015.

25. 吴俊杰. 创客教育：杰客与未来消费者——2014 地平线报告刍议 [J]. 中国信息技术教育，2014.

26. 祝智庭、孙妍妍. 创客教育：信息技术使能的创新教育实践场 [J]. 中国电化教育，2015.

27. 周晶. 基于人机交互理论对乐高机器人玩具的研究 [D]. 南京师范大学，2013.

28. 任开院. 广州 ZL 乐高科技中心商业计划书 [D]. 华南理工大学，2012.

29. 艾兴. 建构主义课程研究 [D]. 西南大学，2007.

30. 李德芳. 西蒙·佩帕特的建构论思想研究 [D]. 华东师范大学，2011.

31. 陈莉丽. 建构主义视角下的人教版《普通高中课程标准实验教科书·化学》分析［D］. 华中师范大学，2008.

32. 李崇杰. 建构主义学习理论指导下的高中化学教学实例研究［D］. 河南师范大学，2012.

33. 陈小君. 教育游戏的学习环境研究［D］. 华东师范大学，2007.

34. 徐光涛. 科学探究学习中技术使能的作用空间与效果研究［D］. 华东师范大学，2016.

35. 马娟. 基于情境学习理论的儿童教育游戏设计与实现［D］. 华东师范大学，2013.

36. 苏丹丹. 游戏化探究学习过程中学习者的学习行为研究［D］. 河南大学，2011.

37. 董晔. 内外动机对初二学生科学创造能力的影响［D］. 山西师范大学，2010（3）.

38. 杨柳. 初一年级学生内外动机与创造性关系的实验研究［D］. 西南师范大学，2002（5）.

39. 蒋文丹. 高校体育教育中的一个新视角：心流理论［D］. 清华大学，2010.

40. 隋志华. 基于flow理论的教育游戏活动难度的动态设计研究［D］. 陕西师范大学，2010.

41. 张方晓. "脚手架"模型支持学习环境设计研究［D］. 华东师范大学，2004.

42. 马红芹. 美国K—12阶段"科学、技术、工程和数学"（STEM）教育研究［D］. 南京师范大学，2015.

43. 朱丽娜. STEM教育发展研究与课程实践［D］. 东南大学，2016.

44 蔡海六. STEM教学模式的设计与实践研究［D］. 华东师范大学，2017.

45. 刘正云. 中小学校创客空间的评价研究［D］. 南京师范大学，2016.

46. 张爽. 创客教育视域下中小学机器人教学活动设计研究［D］. 江南大学，2017.

三、其他类

1. 秘鲁教育部与美国麻省理工的教育试验项目［DB/OL］.http：//wenku.baidu.com/link?url=f-AnKcP1MKoezHBaH4wjiet_avW7yEXRhJjGxi2xuQ3xz9c1PLcx1DiwNqQzjX8OSBsXPJ5A81Ob7svCJ5ws6IFxHAE-WzQmcIrEEmbmn3mq，2011-11-20.

2. 教育部基础教育二司. 关于开展教育部—乐高"创新人才培养计划"（2015—2019）创新学习项目启动活动的通知［Z］. 北京：教育部，2015.

3. 教育部教师工作司. 关于实施教育部—乐高"创新人才培养计划"（2015—2019）教师培训项目的通知［Z］. 北京：教育部，2015.

4. 王佩菁. 乐高：创新不仅仅是造件新玩具［N］. 中国质量报，2013.

5. LEGO® Education 乐高® 教育 2017 年 K—12 教育解决方案［DB/OL］.http：//LEGOEducation.cn/downloads，2017.

后记
Postscript

　　《基于乐高教育整体解决方案的 STEM 教学设计》一书的编写，缘起于教育部—乐高"创新人才培养计划"。该计划旨在以乐高教育为手段，培养学生解决问题、实践创新等 STEM 核心素养及能力，来应对 21 世纪所带来的新挑战与新机遇。该计划实施的关键之一便是培养一支优秀的能够运用乐高教育理念于教育的优秀教师队伍。这支教师队伍，应该能够将乐高教育理念与当前基础教育课程教学改革和国家创新人才培养等重点工作相结合，具备较高水平的信息技术应用能力，熟知乐高教育在促进学生学习方面的积极作用，从而起到改进自身教育教学方式，引导学生开展自主、合作、探究学习的作用。

　　截至本书初步撰稿完成之时，广东第二师范学院作为承担该计划教师培训的主要机构之一，已经通过集中面授辅导、网络远程培训等方式完成约 6 万人次的相关培训，大幅度提升了师生对乐高教育的认知与理解。

　　在培训过程中，我们发现由于缺乏相应的本土化、系统化的资料说明，参训教师对乐高教育理念的认知并不全面，对 5Fs 教学设计原则、4Cs 学习模式认识也不够清晰。这也在一定范围内影响到参训教师对乐高教具的学习，进而影响其训后学习成果在 STEM 实践教学中的应用与转化。由此，编写一本提供本土化、系统化的乐高教育解决方案以指导教师进行乐高教学实践的需求显得极为迫切。

　　本书编写确定的基本原则是以可供教师实际操作的本土化解决方案为重心，而不能仅仅停留在理论指导层面。于此，本书确定围绕理论基础、案例实践、搭建指引三方面进行重点编写。这里要着重感谢陈思敏副教授和教育

部—乐高"创新人才培养计划"广东第二师范学院培训团队的辛勤付出。他们根据自身多年教学经验及实践，精心梳理并编写乐高教育本土化 STEM 教学案例及其实际搭建指引。同时，也感谢乐高教育余菁维先生、胡展女士、蔡永伟先生、余国平女士、谷岳先生在本书编写过程中给予的指导和支持。

　　乐高教育在我国发展时间不长，相关理论研究也不多。我们希望本书能对广大教师在乐高教育、教学方面提供一定的参考。但由于时间仓促，难免有疏漏或不妥之处，敬请读者、教师、专家、领导及各界人士批评、指正。

2018 年 5 月 28 日